LA MALTÉIDE

OU

LE SIÉGE DE MALTE.

LA MALTÉIDE

OU

LE SIÉGE DE MALTE,

PAR SOLIMAN II,

EMPEREUR DES TURCS.

POËME EN SEIZE CHANTS;

PAR N. HALMA, JEUNE.

PARIS,

J. G. DENTU, IMPRIMEUR-LIBRAIRE,

RUE DU PONT DE LODI, N° 3, PRÈS LE PONT-NEUF.

1811.

PRÉFACE.

Il n'y a personne qui, en lisant l'histoire des Chevaliers de Malte, ne soit étonné de leur résistance dans le siége qu'ils eurent à soutenir contre les troupes de Soliman. Mais s'ils se couvrirent de gloire par leur défense, les Turcs se signalèrent aussi par leur courage et les efforts qu'ils firent pour s'emparer des forteresses de leur île.

C'est ce qui fait le sujet du poëme publié sous le titre de *la Maltéide*, ou *le Siége de Malte par Soliman II*. L'auteur a pris dans l'histoire de ce siége ce qui pouvait intéresser davantage le lecteur, et donner lieu à des images capables de fixer son attention ; il a peint des héros qui n'ont pas encore été chantés, et qui méritaient de l'être. Les Chevaliers de Saint-Jean de Jérusalem (plus connus sous le nom de Chevaliers de Malte) ; leur grand-maître Lavalette ; Dragut ; Hascen, vice-rois d'Alger et de Tripoli ; Piali, amiral du Grand-Seigneur ; Mustapha, général en chef de l'armée ottomane ; Soliman, empereur des Turcs, l'honneur du Croissant par ses exploits et son grand caractère, tant de héros étaient dignes de figurer dans un poëme qui fît revivre leur renommée.

Mais c'est sur-tout des Chevaliers et de leur grand-maître qu'on entreprend de chanter les vertus guerrières, vertus dont l'éclat rejaillit sur la plus grande partie de l'Europe. La France, l'Espagne, l'Angleterre, l'Italie, l'Allemagne, etc., tous les Etats catholiques, ont à se glorifier des hauts faits qui ont si éminemment illustré les Chevaliers de leur langue, dans la défense de Malte contre les forces de l'Orient.

Le poëme qui retrace tant de belles actions, offre dans ces Chevaliers des personnages rares, des hommes nouveaux pour le lecteur, des guer-riers qui alliaient au courage le plus déterminé la piété la plus sincère, la charité la plus constante, et toutes les vertus d'une religion qui faisait de ces Chevaliers des hommes tels que l'histoire en montre peu de semblables. Dans leurs expédi-tions, ils n'en effectuaient aucune sans l'avoir, pour ainsi dire, sanctionnée par les actes de cette religion, au service de laquelle ils s'étaient consa-crés. L'honneur, l'attachement à leurs devoirs, le dévouement le plus signalé, une valeur, une force d'ame au-dessus de tous les périls, une grandeur de sentimens digne des plus beaux siècles de l'héroïsme, telles sont les qualités qui distinguaient cette société religieuse et militaire, l'élite de l'Europe.

On serait tenté de croire, avec quelque fondement, que le *Poëme de la Maltéide* peut être regardé comme national par les Français. Outre les Chevaliers de cette langue, qui étaient en grand nombre dans Malte, on y voit un Lavalette, chef de l'Ordre, originaire de France, qui se signala plus que personne dans le siège de l'île, puisque c'est à sa constance, à sa fermeté, à son courage insurmontable, que Malte dut son salut ; et quoique le poëme ne porte point son nom, il le représente avec tant d'importance, qu'il semble en être le héros principal : c'est d'ailleurs par ce grand-maître qu'en partie le dénouement s'opère.

Ainsi la mémoire de Jean de Lavalette, grand-maître de l'Ordre des Chevaliers de Malte, ne peut être qu'honorable à la France ; et ses grandes actions, en le portant à un degré éminent de gloire, n'illustrent pas moins que ce héros le pays qui l'a vu naître. Comme dit l'histoire, c'était un homme d'une fermeté supérieure aux événemens : une valeur naturelle lui avait inspiré sans effort une noble indifférence pour la vie ; il avait passé par toutes les charges de l'Ordre, dont il était devenu le chef et le prince ; et ce passage successif à de nouvelles dignités avait toujours été le témoignage et la récompense d'autant d'actions mémorables, qui l'avaient à la fin élevé à la dignité de grand-maître, égale à celle de souverain. Malte étant sur le point d'être assiégée, la principale ressource de l'île consistait dans la présence de ce chef, dont l'air tranquille, la contenance ferme et intrépide inspiraient une confiance sans bornes aux Chevaliers et aux soldats. Rien alors ne les put intimider ; et son courage, en passant dans leur ame, y laissa une impression qui depuis les rendit invincibles.

On rapporte que, durant le siége, un ancien commandeur lui dit qu'il avait appris d'un transfuge, que Mustapha avait fait des sermens, s'il se rendait maître de l'île, de faire passer tous les Chevaliers par le fil de l'épée, et de n'en réserver que le seul grand-maître pour le présenter au Grand-Seigneur. « Je l'en empêcherai bien, répondit Lavalette ; et si ce siége, contre mes espérances, se terminait par un malheureux succès, je vous déclare, dit-il, en adressant la parole à tous les Chevaliers dont il était environné, que j'ai résolu dans cette extrémité, et plutôt qu'on voie jamais à Constantinople, moi vivant, un grand-maître chargé de chaînes, de prendre alors l'habit d'un simple soldat, de me jeter l'épée à la main dans les plus épais bataillons de nos ennemis, de m'y faire tuer, et de mourir avec mes enfans et mes frères ».

Il eut en *Soliman* un ennemi grand et généreux, et dans ses bachas, ou généraux d'armée, des adversaires d'un courage distingué, capables de donner une haute idée de la nation musulmane dans ces tems de sa gloire. L'auteur du poëme, en les faisant agir, leur a conservé l'éclat dont ils se sont couverts : il a montré dans *Soliman* un prince magnanime, un conquérant renommé, qui ne s'abandonne à des ressentimens, que par l'excès de la douleur où le jette son violent amour. C'est en cela même qu'il doit paraître plus intéressant.

Mais peut-être sera-t-on surpris de voir dans un prince musulman la grandeur d'ame et la générosité que le poëte attribue à *Soliman*. Il suffit de lire ce que dit un historien de la vie de ce monarque, pour se convaincre de sa magnanimité et de l'élévation de ses sentimens.

« *Soliman* possédait toutes les belles qualités « que le trône semble exiger de ceux qui l'occu- « pent.... Son air était imposant : il mettait tout en « œuvre et le faisait avec succès. La prudence di- « rigeait son courage, et la piété donnait un nou- « veau lustre à sa justice et à sa clémence. Il ne fut

« ni moins vaillant ni moins heureux que *Sélim*
« son père. La prise de Bellegrade, la conquête
« de l'île de Rhodes, et la bataille de Mohaz
« qu'il gagna contre le roi de Hongrie, en sont de
« bonnes preuves. Il se rendit maitre de la Mé-
« sopotamie, fit trembler la Perse et conquit Tau-
« ris, dont les dépouilles décorent encore au-
« jourd'hui la ville de Constantinople : il prit
« Strigonie, Albe royale et les fortes villes de
« Zighet et d'Alba Julia, etc.   .

   « Lasse de le favoriser, la fortune l'aban-
« donna à la fin. Ses bachas furent contraints
« de lever le siége de Malte : lui-même fut
« vivement repoussé de devant Vienne ; et ce
« second revers fut suivi de plusieurs autres
« mauvais succès tant sur terre que sur mer. Mais
« ces disgraces ne servirent qu'à faire éclater da-
« vantage sa sagesse. L'inconstance de la fortune
« ne donna aucune atteinte à la solidité de son
« mérite. Toujours également prudent et sage, il
« sut appaiser les mutineries des janissaires, et
« remédier à la révolte des *Gazelli* et d'*Achomat*
« en Egypte, de même qu'à toutes les menées de
« son fils *Bajazet,* qui ambitionnait son trône.

   « *Soliman* finit ses jours devant Zigeth. Malgré
« les guerres continuelles dont son règne fut
« agité, il sut, par sa grande économie, laisser,

« un trésor considérable. De tous les empereurs
« ottomans, c'est celui qui a gardé le plus reli-
« gieusement sa parole : c'est ce qui parut à
« *Rhodes*, à *Strigonie* et autres places, qui se
« rendirent à discrétion, et qu'il traita avec une
« générosité peu connue de ses prédécesseurs.
« Qui d'entr'eux eût remis, comme lui, au roi de
« Hongrie toutes les places qu'il lui avait enlevées,
« et l'eût investi d'un royaume dont la conquête
« lui avait coûté la vie de presque tous ses
« enfans?

« De si belles qualités de cœur étaient accom-
« pagnées des lumières de l'esprit. *Soliman* était
« savant dans les mathématiques et dans l'his-
« toire; il laissa des monumens publics de son
« érudition dans ces deux genres : fidèle observa-
« teur de la loi de Mahomet, il en honorait les
« ministres, sur-tout le muphti, qu'il consultait
« en tout. En un mot, il fut un prince autant
« accompli qu'aucun autre de son tems. La gloire
« de la monarchie ottomane, qu'il porta jusqu'à
« son comble, commença à déchoir après sa
« mort ».

Un événement simple, mais touchant, donne
lieu au poëme que l'on publie. Sa principale
cause est l'amour. Troie ne dut sa destruction
qu'à l'enlèvement d'*Hélène*. Ici *Elvire*, jeune

Grecque d'une beauté parfaite, éperduement ai-
mée de *Soliman*, arme l'Orient contre Malte, par
un motif à peu près semblable.

Quelques historiens de *Soliman* disent que ce
prince aima effectivement, avec passion, une
jeune Grecque fort belle, dont il eut un fils
nommé *Mustapha*, et qu'il la perdit au moment
qu'elle mit ce fils au monde ; qu'il ne cessa long-
tems de lui donner des regrets, ce qui doit auto-
riser le poëte à représenter ce héros pleurant la
perte d'*Elvire*, et se livrant pour elle aux transports du désespoir : il a fait de l'amour de *Soliman* pour cette jeune Grecque, le motif de sa fable
et le nœud de son poëme.

Dans cet ouvrage, *Elvire* apprend la maladie
mortelle qui vient d'attaquer sa mère : elle supplie
le sultan de lui permettre d'aller rendre les derniers devoirs à cette mère chérie qu'elle ne reverra plus. *Soliman*, touché de cette prière, se
rend aux vœux de son amante, et lui donne pour
escorte une garde d'élite. *Elvire* part pour Athènes ; mais, dans le trajet, elle est attaquée et prise,
après un combat opiniâtre, par un nommé *Ismar*,
musulman, traître à son prince, et qui s'était
joint contre lui aux corsaires de Malte. A cette
nouvelle, *Soliman* devient furieux : il arme une
flotte considérable contre les Chevaliers, et court

de son côté chercher *Elvire*, après avoir appris que son ravisseur quittait Malte, et emportait cette beauté sur les flots. Le poëte a su jeter tout l'odieux de cet enlèvement sur *Ismar,* qui reçoit bientôt le juste châtiment de ses trahisons.

Enfin Malte est assiégée par les bachas, généraux de *Soliman,* tandis que ce prince parcourt les mers pour délivrer *Elvire* et punir son ravisseur. La fin tragique d'*Elvire,* en mettant le comble au ressentiment du sultan, est un puissant motif qui hâte l'arrivée de ce monarque dans l'île, et qui fait agir toute sa vengeance par les assauts qu'il vient livrer lui-même.

Quelle que soit la cause de son ressentiment, la résistance des Chevaliers contre toutes ses forces est un éternel monument de leur courage. En effet, qui ne verrait avec admiration une poignée de guerriers, n'ayant plus que des débris à défendre, sur des remparts démantelés, ouverts de toutes parts, arrêter pendant quatre mois entiers, et par sa seule valeur, l'armée formidable de *Soliman;* lui enlever par le fer plus de trente mille hommes, et forcer le reste de cette armée à regagner précipitamment ses vaisseaux?

Après des témoignages si éclatans de courage et d'héroïsme, il est impossible que l'on ne conçoive point la plus haute idée d'un Ordre où se formaient de tels guerriers : on peut, avec raison, mettre ces défenseurs de Malte à coté dès trois cents Spartiates, dont le dévouement et l'intrépidité arrêtèrent l'armée innombrable des Perses.

Tel est le sentiment qu'inspire leur histoire ; et c'est sans doute par considération, par estime pour une société si distinguée, que, de nos jours, Paul Ier, empereur des Russies, signala ses bienfaits et sa générosité envers l'Ordre de Saint-Jean de Jérusalem. Ce prince conclut deux traités avec cet Ordre. Par le premier, il se déclara son protecteur : il se fit même un honneur d'en porter la croix, ainsi que toute sa famille. Il rendit les biens que l'Ordre possédait en Pologne, et lui en donna de nouveaux. Il voulut que ses sujets fussent reçus chevaliers, et il envoya un ministre plénipotentiaire à Malte. Dans le second traité, on convint que ses sujets de la religion grecque schismatique seraient reçus dans l'Ordre ; et, pour cet effet, il assigna un million deux cent mille rixdalers de rente annuelle.

C'est, ajoutera-t-on, aux services importans que rendaient les Chevaliers de Saint-Jean de Jérusalem, qu'on doit attribuer la haute estime qu'ils s'étaient acquise. En effet, Malte, par leur

zèle et leur courage, fut long-tems le boulevart
de l'Europe contre les entreprises des sultans.
L'établissement de ces religieux militaires dans
cette île est une des époques les plus brillantes de
sa puissance. Elle devint la terreur des ennemis de
la religion, et le bouclier des peuples de la chré-
tienté. Ses Chevaliers, qui croisaient sur les mers,
veillaient sans cesse à sa défense : ils protégeaient
les côtes de la Méditerranée contre les incursions
des pirates barbaresques d'Alger et de Tripoli.
Avant eux, combien de fois n'avait-on pas vu les
malheureux habitans de ces côtes, surpris et égorgés par les corsaires turcs ; leurs femmes et leurs
filles violées, enlevées et vendues pour servir à
la brutalité de ces barbares, et eux-mêmes traînés
dans le plus dur esclavage ?

On peut dire enfin qu'il est peu de sujets qui
soient plus dignes de l'épopée que le siége et la
défense de Malte. Quant à la fable de ce poëme,
l'auteur, en le composant, s'est efforcé de conci-
lier le merveilleux avec la vérité des faits. Dans
la plupart des personnages allégoriques qu'il y
fait intervenir, il s'est servi des vertus et des passions des hommes, comme le principal mobile qui
les fait agir. Ainsi l'Amour devait y jouer un grand
rôle, puisque c'est lui qui met en action les évé-
mens décrits dans le poëme. Ce Dieu prétendu
des anciens et des modernes n'était que trop en

droit d'y exercer son pouvoir : il ne fait rien toutefois qu'à l'aide d'une puissance supérieure. Cette
puissance est la Nature, dont le poëte fait une divinité imposante, à laquelle il donne pour fils
l'*Amour,* qui effectivement n'émane que d'elle. La
Nature sert donc son fils dans ses entreprises
contre Malte ; mais, quelque puissante qu'elle soit,
elle est soumise elle-même à l'Eternel qui protége
les Chevaliers, et qui règne en souverain maître
sur l'univers. Ces sortes d'allégories, puisées dans
l'ordre naturel des choses, ont paru préférables
et par leur vraisemblance, et par les images
qu'elles doivent produire, à tous ces diables si
souvent sortis des enfers pour entrer dans nos
poëmes, où ils n'ont point encore fait fortune.

Pour épargner des recherches au lecteur, on a
cru devoir joindre à ces réflexions un précis his-
torique de l'origine de l'Ordre des Chevaliers de
Malte, extrait de l'ouvrage de M. l'abbé de Vertot,
dans lequel cet auteur remonte jusqu'à la première
époque de la naissance de cet Ordre.

« Depuis la mort du calife *Aaron Rasched,* un
des plus puissans princes de l'Orient, comme les
successeurs de Charlemagne n'égalèrent ni sa
puissance, ni sa haute réputation, les Français
perdirent la considération qu'on avait pour eux
dans la Palestine. On ne souffrit plus qu'ils eussent

d'hospice dans Jérusalem ; et quand ils avaient, comme les autres peuples de l'Europe, à prix d'argent, l'entrée de la *Sainte-Cité*, et que pendant le jour ils avaient fait leurs stations dans tous les endroits anciennement honorés par la présence et les mystères de notre Sauveur, ce n'était pas sans beaucoup de peine et de péril que, le soir et pendant la nuit, ils pouvaient trouver quelque retraite dans la ville. Les Musulmans avaient naturellement trop d'aversion des Chrétiens pour les recevoir dans leurs maisons : et des disputes étant survenues au sujet de quelques dogmes mal entendus, et de différens points de discipline entre l'église grecque et l'église latine, nos Chrétiens d'Europe n'étaient guère moins odieux aux Grecs qu'aux Arabes et aux Sarrasins de l'Orient.

« Au milieu de l'onzième siècle, des marchands italiens qui avaient éprouvé la dureté des uns et des autres, entreprirent de procurer aux pélerins de l'Europe, dans la même ville de Jérusalem, un asile où ils n'eussent rien à craindre, ni du faux zèle des Mahométans, ni de l'éloignement et de l'aversion des Grecs schismatiques. Ces pieux négocians étaient d'Amalphi, ville dans le royaume de Naples, mais qui reconnaissait encore la domination des empereurs grecs de Constantinople. Les affaires qui concernaient le négoce de ces marchands, les conduisaient presque tous les ans en Egypte ; et à la faveur des riches marchandises et même des ouvrages curieux qu'ils apportaient de l'Europe, ils s'introduisirent à la cour du calife *Monstaserbillah* ; et, en lui faisant ainsi qu'à ses ministres des présens considérables, ils en obtinrent pour les Chrétiens latins la permission d'établir un hospice dans Jérusalem.

« Le gouverneur, par ordre de ce prince, leur assigna une portion de terrain. On y bâtit aussitôt, sous le titre de la Sainte-Vierge, une chapelle qu'on appela *Sainte-Marie de la Latine*, pour la distinguer des églises où l'on faisait l'office divin selon le rit des Grecs : des religieux de l'Ordre de *Saint-Benoît* y célébraient l'office. On construisit, proche de leur couvent, deux hospices pour recevoir les pélerins de l'un et de l'autre sexe, sains et malades : ce qui était le principal objet de cet établissement ; et chaque hospice eut dans la suite sa chapelle, l'une consacrée sous l'invocation de *Saint-Jean-l'Aumonier*, et l'autre dédiée en l'honneur de *Sainte-Madeleine*.

« Des personnes séculières venues de l'Europe, et remplies de zèle et de charité, renoncèrent au retour dans leur patrie, et se dévouèrent dans cette sainte maison au service des pauvres et des pélerins. Les religieux dont nous venons de parler, faisaient subsister ces administrateurs ; et les marchands d'Amalphi, avec les aumônes qu'ils recueillaient en Italie, et qu'ils apportaient ou qu'ils envoyaient tous les ans à la Terre-Sainte, fournissaient aux besoins des pélerins et des malades.

« On remettait ce sacré dépôt de la charité et des fidèles entre les mains des personnes qui s'étaient consacrées, comme nous venons de le dire, au service des Chrétiens d'Occident. Cette sainte maison, qu'on doit regarder comme le berceau de l'Ordre de Saint-Jean, servit depuis d'asile et de retraite aux pélerins. Le Chrétien latin y était reçu et nourri sans distinction de nation ou de condition. On y revêtait ceux qui avaient été dépouillés par les brigands : les malades y étaient traités avec soin ; et chaque espèce de misère trouvait dans la charité de ces Hospitaliers une nouvelle espèce de miséricorde.

« Cependant un établissement si pieux et si utile pensa être ruiné dès les premiers tems de son origine ; il y avait à peine dix-sept ans qu'il subsistait, lorsque les Turcomans conquirent la Palestine, surprirent la ville de Jérusalem, et taillèrent en pièces la garnison du calife d'Egypte. (Ce fut à cette occasion que, quelque tems après, les princes chrétiens se croisèrent pour aller délivrer la Sainte-Cité.)

« Lorsqu'ils eurent mis le siége devant cette place , le gouverneur fit enfermer en différentes prisons les Chrétiens qui lui étaient suspects , et entr'autres l'administrateur de l'hôpital de Saint-Jean de Jérusalem. C'était un Français appelé *Gérard,* né dans l'île de Martigues , en Provence , que le desir de visiter les Saints-Lieux avait conduit à Jérusalem, et qui, après avoir été témoin de la charité qui s'exerçait dans l'hôpital de Saint-Jean, touché d'un si grand exemple , s'était dévoué depuis long-tems au service des pélerins, au même tems qu'une dame romaine , d'une illustre naissance , nommée *Agnès,* gouvernait la maison destinée à recevoir les personnes de son sexe. Tous les pélerins étaient admis dans l'hôpital de Saint-Jean, sans distinction du Grec ou du Latin; les Infidèles même y recevaient l'aumône, et tous les habitans, de quelque religion qu'ils fussent, ne regardaient l'administrateur de l'hôpital que comme le père commun de tous les pauvres de la ville. Ce fut cette estime générale , et la crainte qu'il ne s'en servît en faveur des assiégeans, qui portèrent le gouverneur à le faire arrêter.

« Quelques jours après que Jérusalem fût tombée au pouvoir des Croisés, *Godefroi,* leur chef, visita la maison hospitalière de Saint-Jean. Il y fut reçu par le pieux *Gérard* et par les autres administrateurs ses confrères, et il y trouva un grand nombre de Croisés qui avaient été blessés pendant le siége, et qu'on y avait portés après la prise de cette place. Tous se louaient également de la grande charité de nos Hospitaliers, qui n'épargnaient aucuns soins pour leur soulagement.

« Plusieurs jeunes gentilshommes qui venaient d'en faire une heureuse expérience, renoncèrent au retour dans leur patrie, et se consacrèrent dans la maison de Saint-Jean au service des pauvres et des pélerins. On compte parmi ces illustres Croisés qui prirent l'habit des Hospitaliers, *Raimond Dupuy*, de la province de Dauphiné, *Dudon de Comps*, de la même province, *Gastus* ou *Castus*, dont on ignore la patrie, *Conon de Montaigu*, de la province d'Auvergne, et beaucoup d'autres.

« Quoique *Godefroi* perdît dans ces gentilshommes des guerriers dont il avait tiré de grands services, il ne laissa pas d'en voir le changement avec joie, et peut-être même avec une pieuse envie. Mais si l'intérêt et la conservation de Jérusalem le retinrent à la tête de l'armée, il voulut au moins contribuer à l'entretien de la maison de *Saint-Jean*, et il y attacha la seigneurie de Montboire avec toutes ses dépendances, et qui faisait autrefois partie de son domaine dans le Brabant.

« La plupart des princes et des seigneurs croisés suivirent son exemple. L'hôpital, en peu de tems, se trouva enrichi d'un grand nombre de terres et seigneuries, tant en Europe que dans la Palestine. C'était entre les mains du pieux *Gérard*, un dépôt sacré et un fonds certain pour le soulagement de tous les malheureux.

« Bientôt, par les soins de cet administrateur, on vit s'élever un temple magnifique sous l'invocation de *Saint-Jean-Baptiste*, et dans un endroit qui, selon une ancienne tradition, avait servi de retraite à *Zacharie*, père de ce grand saint. On construisit proche de cette église, différens corps de logis et de vastes bâtimens, les uns pour l'habitation des Hospitaliers, d'autres pour recevoir les pélerins, ou pour retirer les pauvres et les malades. Les Hospitaliers traitaient les uns et les autres avec une égale charité : ils lavaient avec joie les pieds des pélerins, pansaient les plaies des blessés, servaient les malades, etc.

« Le zèle des Hospitaliers n'était pas renfermé dans la ville et dans le territoire de Jérusalem ; le chef et le supérieur de cette Société naissante étendait ses soins jusque dans l'Occident. De ces biens qu'il tenait de la libéralité des princes chrétiens, il fonda des hôpitaux dans les principales provinces maritimes de l'Europe : et ces maisons, qui étaient comme des filles de celles de Jérusalem, et qu'on doit regarder comme les premières commanderies de cet Ordre, servaient à recueillir les pélerins qui se dévouaient pour le voyage de la Terre-Sainte.

« Après la mort de *Godefroi* et de *Baudouin*, son frère, qui lui avait succédé dans le gouvernement de Jérusalem, les Hospitaliers perdirent le bienheureux *Gérard*, le père des pauvres et des pélerins. Cet homme vertueux, après être parvenu jusqu'à une extrême vieillesse, expira dans les bras de ses frères, presque sans maladie, et tomba, pour ainsi dire, comme un fruit mûr pour l'éternité. Les Hospitaliers s'assemblèrent pour lui donner un successeur, conformément à la bulle du pape Paschal II. Les suffrages ne furent point partagés : tous les vœux se réunirent en faveur de frère *Raimond Dupuy*.

« Le bienheureux *Gérard*, en engageant les Hospitaliers au service des pauvres et des pélerins, s'était contenté, pour toute règle, de leur inspirer des sentimens de charité et d'humilité. Son successeur crut devoir y ajouter des statuts particuliers; et, de l'avis de tout le chapitre, il les dressa d'une manière qu'ils ne paraissent établis que pour procurer dans cette sainte maison, une plus sûre et plus étroite observance des vœux solennels de la religion.

« Le nouveau grand-maître des Hospitaliers fît dessein d'ajouter à ces statuts et aux devoirs de l'hospitalité, l'obligation de prendre les armes pour la défense des Saints-Lieux, et il résolut de tirer de sa maison un corps militaire, et comme une croisade perpétuelle, soumise aux rois de Jérusalem, et qui fît une profession particulière de combattre les Infidèles.

« Pour l'intelligence d'un fait si important à l'Ordre, il faut savoir que ce qu'on appelait en ce tems-là le royaume de Jérusalem, ne consistait que dans cette capitale et dans quelques autres villes, mais la plupart séparées par des places encore occupées par les Infidèles : en sorte que les Latins ne pouvaient passer de l'une à l'autre sans péril, ou sans de grosses escortes. Le territoire même des villes chrétiennes était encore habité par des paysans mahométans, qui regardant les Chrétiens comme les ennemis de leur religion, les assassinaient et les volaient, quand ils pouvaient les surprendre avec avantage et sans être découverts. Les Latins n'étaient guères plus en sureté dans les bourgs et dans les places qui n'étaient pas fermées ; des brigands y entraient de nuit, et en égorgeaient les habitans ; et ce qui était de plus fâcheux, c'est que ce petit Etat se voyait encore assiégé de tous côtés, soit par les Turcomans, soit par les Sarrasins d'Egypte, deux puis-

sances redoutables , qui, sans agir de concert ,
n'avaient cependant pour objet que de chasser
les Chrétiens de la Syrie et de la Palestine. Ainsi
les Latins étaient obligés de soutenir une guerre
presque continuelle ; et quand l'hiver ne permet-
tait pas aux armées de tenir la campagne, différens partis des Infidèles ne laissaient pas de pénétrer dans le pays : ils portaient le fer et le feu de
tous côtés , massacraient les hommes et enle-
vaient les femmes et les enfans, dont ils faisaient
des esclaves.

« Le maître de l'hôpital, touché de ces malheurs, et se voyant à la tête d'un grand corps
d'Hospitaliers, forma le plus noble dessein , et en
même tems le plus extraordinaire, qui pût entrer
dans l'esprit d'un religieux attaché par sa profession au service des pauvres et des malades. Dieu,
qui avait inspiré à *Raimond* un si noble projet,
lui avait donné toutes les qualités convenables
pour le faire réussir , une naissance distinguée ,
des sentimens élevés, des vues étendues , et un
zèle ardent, qui lui faisait souhaiter de pouvoir
sacrifier sa vie pour sauver celle d'un Chrétien.
Il se représentait à tous momens ce grand nombre
d'habitans de la Palestine, surpris et égorgés par les
Infidèles; d'autres qui gémissaient dans les fers;
les femmes et les filles exposées à la brutalité des
brigands, et les débauches de ces barbares.

encore plus insupportables que leurs cruautés.
De si tristes réflexions agitaient continuellement
le grand-maître de l'hôpital : c'était le sujet le
plus ordinaire de ses méditations; il consultait
tous les jours, aux pieds des autels, celui même
qui était l'auteur de ce pieux dessein. Enfin, pressé
par une vocation particulière, il convoqua le
chapitre, et proposa à ses confrères de reprendre, en qualité de soldats de Jésus-Christ,
les armes que la plupart avaient quittées pour le
servir dans la personne des pauvres, et dans
l'hôpital de Saint-Jean.

« *Raimond* ne devait sa place qu'à l'éclat de ses
vertus : ses religieux regardèrent cette proposi-
tion comme une nouvelle preuve de son zèle ; et
quoiqu'elle parût peu compatible avec leur premier engagement et les fonctions de l'hospitalité,
le desir si louable de défendre les Saints-Lieux les
fit passer par-dessus les difficultés qui se pour-
raient trouver dans l'exercice de deux professions
si différentes. Les Hospitaliers, la plupart compagnons ou soldats de *Godefroi*, reprirent géné-
reusement les armes, avec la permission du pa-
triarche : mais on convint de ne les employer
jamais que contre les Infidèles; et il fut résolu
que, sans abandonner leurs premiers engagemens
et le soin des pauvres et des malades, une partie
de ces religieux monterait à cheval, quand il

s'agirait de s'opposer aux incursions des Infidèles. L'Ordre même se trouva dès-lors assez riche et assez puissant pour pouvoir, dans les occasions pressantes, prendre des troupes à sa solde ; et ce fut depuis par ce secours, que les Hospitaliers soutinrent, avec tant de courage, le trône chancelant des rois de Jérusalem.

« On prétend que *Raimond*, ayant amené ses confrères dans ses vues, fit dès-lors trois classes de tout le corps des Hospitaliers. On mit dans la première ceux qui, par leur naissance et le rang qu'ils avaient tenu autrefois dans les armées, étaient destinés à porter les armes : on fit une seconde classe des prêtres et des chapelains qui, outre les fonctions ordinaires attachées à leur caractère, soit dans l'église ou auprès des malades, seraient encore obligés, chacun à leur tour, de servir d'aumôniers à la guerre ; et à l'égard de ceux qui n'étaient ni de maison noble ni ecclésiastiques, on les appelait *frères servans*. Ils eurent, en cette qualité, des emplois où ils étaient occupés par les Chevaliers, soit auprès des malades, soit dans les armées ; et ils furent distingués dans la suite par une cotte d'armes de différente couleur de celle des Chevaliers, etc.

« Comme ce nouvel Ordre s'était extrêmement multiplié en peu de tems, et que la plupart de la jeune noblesse accourait des différentes contrées de l'Europe pour s'enrôler sous ses enseignes, par une nouvelle division, et suivant le pays et la nation de chaque Chevalier, on les sépara en sept langues, savoir : *Provence, Auvergne, France, Italie, Arragon, Allemagne et Angleterre*, etc.

« Telle fut l'origine d'un Ordre hospitalier, devenu militaire, et depuis souverain ; que la charité fit naître, que le zèle de défendre les Lieux-Saints arma ensuite contre les Infidèles, et qui, dans le tumulte des armes et au milieu d'une guerre continuelle, sut allier les vertus paisibles de la religion avec la plus haute valeur dans les combats ».

Après la perte de la Terre-Sainte et celle de l'île de Rhodes, où cet Ordre s'était réfugié, les Chevaliers se retirèrent à Malte, dont ils furent mis en possession par l'empereur Charles-Quint. C'est dans cette île qu'ils eurent à soutenir un siége meurtrier contre toutes les forces de *Soliman*. Ce prince, qui avait juré par sa tête de les exterminer, choisit pour cette expédition deux de ses généraux, *Piali* et *Mustapha*. *Piali*, quoique d'une naissance inconnue, avait beaucoup de part dans la faveur du monarque, qui lui avait même fait épouser une de ses filles. *Soliman* le nomma bacha de la mer ; et dans cette occasion il lui donna, en qualité d'amiral, le commandement de sa flotte.

Plusieurs victoires considérables que *Mustapha* avait remportées, lui avaient attiré l'estime et la confiance du Grand-Seigneur : il fut nommé par lui général des troupes de débarquement. C'était un vieil officier, âgé de soixante-cinq ans, dur et sévère dans le commandement, cruel et sanguinaire à l'égard des ennemis qui tombaient entre ses mains, et qui se faisait sur-tout un mérite de violer la foi et la parole qu'il donnait à des Chrétiens.

Outre ces généraux, *Hascen* et *Dragut*, vicerois ou bachas d'Alger et de Tripoli, eurent ordre de se rendre à la tête de tous les corsaires de Barbarie devant le port de Malte, et d'y venir joindre la flotte ottomane sitôt qu'ils auraient appris qu'elle y serait arrivée. *Soliman* fit les plus grands préparatifs pour assurer le succès de cette entreprise : on arma par son ordre, dans toute l'étendue de l'Empire, le plus grand nombre de vaisseaux et de galères qu'on put trouver dans ses ports, en état de tenir la mer. On lui en amena d'Alexandrie, de Rhodes, etc.

Le grand-maître *Lavalette*, quoiqu'intérieurement ému de cet armement, ne s'en épouvanta point. Après avoir reçu le serment de tous ses Chevaliers, de répandre jusqu'à la dernière goutte de leur sang pour la défense de leurs murs , dans la crainte d'être prévenu et surpris par les ennemis, il résolut d'assigner à chaque langue les postes qu'elle devait défendre.

Enfin la flotte des Turcs parut à la hauteur de Malte, le 18 mai 1565.

LA MALTÉIDE.

CHANT PREMIER.

SOMMAIRE.

Soliman, épris des charmes d'Elvire, jeune Grecque d'une beauté parfaite, lui a donné la préférence sur toutes ses femmes : elle est devenue sultane favorite et l'objet de toute sa tendresse. —— Elle apprend qu'une maladie mortelle vient d'attaquer Zulima, sa mère, qui résidait à Athènes. Elle prie le sultan de lui permettre d'aller rendre les derniers devoirs à cette mère qu'elle ne reverra plus : il cède à sa prière. Elvire part avec une escorte de deux vaisseaux. —— Combat qui leur est livré dans le trajet. —— La sultane est prise par un nommé Ismar, musulman, traître à son prince, lequel s'était joint contre lui aux corsaires de Malte. —— Soliman devient furieux : il jure de punir un tel outrage en exterminant l'Ordre des Chevaliers. —— Un vieillard, chef des ministres de sa religion, vient le supplier de mettre fin à l'esclavage des Turcs faits prisonniers par les Chevaliers chrétiens. —— Le sultan arme contre eux une flotte puissante, et choisit pour généraux les deux bachas Piali et Mustapha : Piali pour amiral, et Mustapha pour chef de l'armée de terre. —— Hascen et Dragut, bachas, vice-rois d'Alger et de Tripoli, joignent leurs forces à celles de ce prince. —— On arme pour lui dans toute l'étendue de l'Empire.

LA MALTÉIDE

OU

LE SIÉGE DE MALTE.

CHANT PREMIER.

Je chante la valeur et les travaux guerriers
De ces hommes pieux, illustres Chevaliers,
Qui, parmi les assauts, au plus fort des batailles,
Affrontèrent la mort pour sauver leurs murailles,
Et glorieux vainqueurs d'un ennemi puissant,
Délivrèrent leurs bords des armes du Croissant.
Du pur sang des héros leur milice formée,
Avait sur mille exploits bâti sa renommée :
Elle régnait dans Malte, et maîtresse des eaux,
De l'Europe chrétienne assurait le repos.
    Vierge sublime, ô muse ! apprends-moi quelle offense
D'un belliqueux sultan suscita la vengeance ;
Quelle fut sa douleur, et quel ressentiment
S'unit à ses ennuis, signala son tourment,

Lorsqu'un traître, poussé d'une aveugle furie,
Eut osé lui ravir une femme chérie :
Dis-moi, dis-moi combien livra d'assauts fameux
Soliman, outragé dans l'objet de ses feux.

   Amant tout à la fois et tendre époux d'Elvire,
Ce prince, en conquérant, gouvernait son Empire ;
Et bien loin que l'amour, en de honteux liens,
Eût retenu jamais ce rival des Chrétiens,
Guerrier plein de valeur, aux champs de la victoire,
Il courait moissonner les palmes de la gloire.
Mais lorsque le devoir, plutôt que le repos,
Au sein de son palais rappelait ce héros,
Sur cent beautés, Elvire avait la préférence,
Et savait du sultan mériter la constance :
Elle ne devait point à de faibles attraits
Ce choix que Soliman ne démentit jamais.
Ses charmes, son esprit, sa noble fierté d'ame,
Les rares sentimens qui dirigeaient sa flamme,
Le pouvoir de ses yeux, un ascendant vainqueur
De l'auguste monarque avaient fixé le cœur.
La nature, en formant cette aimable mortelle,
S'était plue à verser tous ses bienfaits sur elle.
Quelle grâce à la fois et quelle majesté !
Dans ses traits ravissans triomphait la beauté ;

On eût dit que Vénus, lui cédant sa parure,
Pour elle avait daigné dénouer sa ceinture.

Dans les nœuds les plus doux, au sein de la grandeur,
Cette amante goûtait le souverain bonheur :
Il comblait tous ses vœux. Mais qu'il fut peu durable!
Il se changea bientôt en un sort déplorable...
Hélas! pourquoi ce deuil? Et quel fatal écrit
D'une alarme imprévue a frappé son esprit?
Remise entre ses mains, une lettre fidelle
Lui dit qu'une langueur et soudaine et mortelle
De Zulima, sa mère, a menacé les jours,
Et va loin de ses yeux en terminer le cours.

A cet avis, tremblante; elle est pâle, interdite.
Du malheur qu'elle apprend la nouvelle subite
A plongé ses esprits dans un accablement,
Où la tient de son cœur le long saisissement.
Mais ignorant son trouble et sa douleur cuisante,
Soliman devant elle aussitôt se présente.
Quelle surprise! Elvire est déjà dans ses bras.
Ce mortel insensible à l'horreur des combats,
Nourri dans les hasards, dans le fracas des armes,
Lui-même a ressenti les plus vives alarmes :
Il pâlit, il s'écrie; il craint que le trépas
Ne lui vienne enlever de si rares appas.

Cependant on accourt, on s'assemble autour d'elle ;
Une foule s'empresse et signale son zèle :
Enfin, par des secours aussi prompts que puissans,
Elvire a recouvré l'usage de ses sens.
Que de larmes alors inondent sa paupière !
Elle veut au monarque adresser sa prière :
Une mère, dit-elle ; et tout-à-coup ces mots
Dans sa bouche expirans, font place à des sanglots.
L'inquiet Soliman, qui tremble pour sa vie,
Lui peint tout son amour, la presse, la convie,
Au nom de sa tendresse, au nom de ses sermens,
D'épancher dans son cœur sa crainte et ses tourmens :
Il redouble d'instance ; et la plaintive Elvire
Lève sur lui ses yeux, les rabaisse, soupire,
Et lui dit : « Pardonnez l'excès de mes douleurs,
« Prince, l'objet sacré pour qui coulent ces pleurs,
« Est une tendre mère, une mère chérie,
« Que la parque déjà peut-être m'a ravie...
« Ne puis-je en sa faveur écouter mon devoir?
« Seigneur !.. ah ! qu'il me soit permis de la revoir !
« D'ouïr les derniers mots proférés par sa bouche !
« Hélas ! si de mon cœur la piété vous touche,
« Souffrez que, sur la foi du feu le plus constant,
« Je parte pour Athène où la douleur m'attend,

« Et que, de Zulima laissant en paix la cendre,
« Elvire dans vos bras revole encor plus tendre. »
    Elle dit. Soliman qu'étonne un tel dessein,
D'un si pieux amour est attendri soudain.
Dans quelqu'ennui bientôt que le plonge l'absence,
Il témoigne d'abord sa tendre complaisance :
Il ne peut toutefois surmonter sa douleur.
Elvire, en s'éloignant, lui ravit le bonheur ;
Mais son cœur se résigne : il sort, ordonne, presse,
Avance le départ de l'auguste princesse.
Pour elle, dans le port, déjà s'offre un vaisseau
Sous l'appareil d'un luxe imposant et nouveau.
Ses mâts, son pavillon, dans leur magnificence,
Du plus pompeux monarque annonçaient la puissance.
    Quoiqu'il dicte lui-même et hâte ces apprêts,
Soliman, dont la crainte éveille les regrets,
Revient, aborde Elvire, en de telles alarmes,
L'œil humide, et brillante encor de tous ses charmes.
A son touchant aspect, le monarque interdit,
Gémit, s'assied près d'elle, et tout ému lui dit :
« Elvire, digne objet des soins d'un chef suprême,
« Plus cher à Soliman que sa puissance même,
« Tu pars : et mon amour, bien loin de t'en blâmer,
« Approuve le dessein que tu viens de former :

« Il me peint de ton cœur la pieuse tendresse ;
« Aux jours de Zulima moi-même il m'intéresse.
« Mais puisse un tel projet du ciel favorisé,
« Par un sort envieux n'être point traversé !
« Va : qu'il te soit permis de fermer la paupière
« D'une mère arrivée à son heure dernière.
« Et toi, divin prophète, ami du Dieu puissant
« Qu'adore avec son Roi l'Empire du Croissant,
« Si les sacrés honneurs qu'on te rend à Bizance,
« Nous doivent mériter ton heureuse assistance,
« J'invoque ton appui ; protége mon amour,
« Et d'Elvire à ma foi promets un prompt retour !»
A peine il achevait, surpris, il crut entendre
Un bruit sourd qui du ciel vers lui semblait descendre.
Ce bruit croît, ô merveille ! et le palais deux fois
A retenti des sons d'une éclatante voix :
Elvire et Soliman se lèvent pleins de trouble.
De cette voix encor le même accent redouble ;
Et, l'esprit abusé, dans son étonnement,
Elvire en croit d'abord un secret sentiment :
« Oui, dit-elle au sultan, j'accepte ce présage.
« Seigneur, le ciel lui-même ordonne mon voyage,
« Dans Athène il m'appelle ; et ses divins bienfaits
« Assurent mon retour au sein de ce palais.

« Là, mon cœur affligé de la mort d'une mère,
«Viendra s'en consoler dans le soin de vous plaire.»

Après cet entretien, des promesses, des vœux,
Et des sermens donnés pour garans de leurs feux,
Aux chagrins de l'absence opposant le courage,
Du palais des sultans, ils s'en vont au rivage :
Un cortége suivait. Nombreux et plein d'éclat,
Il était composé des premiers de l'Etat.
Par son prince, à l'aspect de cette illustre suite,
Elvire est en sultane à son vaisseau conduite ;
Et dans un tendre adieu, soutenus par l'espoir,
Ils font tous deux au ciel des vœux pour se revoir.
Vains souhaits ! les destins, malgré tant de constance,
De ces amans bientôt détruiront l'espérance :
Hélas! à Soliman, dans quel état un jour,
Les cruels rendront-ils l'objet de son amour ?
Sur l'onde cependant un superbe navire
N'attend pour s'éloigner que la touchante Elvire :
Il la reçoit enfin, comme un riche trésor,
Dans l'enceinte où pour elle on a prodigué l'or.

Mais devant Soliman et sa pompeuse escorte,
Le vaisseau part, tout fier de la beauté qu'il porte :
Sous l'effort de la voile, il fond rapidement
Dans l'humide séjour du perfide élément.

L'onde bouillonne, siffle, obéit au bordage,
Et la proue, en l'ouvrant, y trace un long sillage.
Armés de bataillons, Musulmans indomptés,
Deux vaisseaux protecteurs volaient à ses côtés.
De ces vaillans mortels l'élite menaçante
Formait pour la sultane une garde imposante.
    Cependant vers Athène ils vont rasant les flots.
Le ciel serein, l'air calme et la mer en repos,
Semblaient favoriser un si pieux voyage.
Déjà dans la vapeur se perdait le rivage :
Le vent enflait la voile ; et ces riches vaisseaux
Voguaient en liberté sur la plaine des eaux :
Elvire alors jouit du plus beau des spectacles.
Un Dieu qui sous ses pieds aplanit les obstacles,
Fait rentrer l'Aquilon dans ses sombres cachots,
Et cède aux doux Zéphirs le domaine des flots.
Tous sur l'onde à l'envi voltigeant autour d'elle,
Rafraîchissent ses sens de leurs battemens d'aile :
Tandis qu'en folâtrant, des Amours enfantins
Fendent le sein des eaux, portés par des dauphins :
Avec eux les Tritons, les nymphes d'Amphitrite
Augmentaient son cortége, et nageaient à sa suite ;
On les voyait tantôt, le front ceint de roseaux,
Sur le flot bouillonnant devancer les vaisseaux

Et tantôt, par des jeux, charmer dans sa tristesse
Celle dont les destins poursuivaient la tendresse.
   Les navires, poussés d'un mouvement égal,
Des mers de Marmara sillonnaient le cristal :
A la faveur des vents qui leur restaient fidelles,
Tous trois avaient déjà franchi les Dardanelles ;
De-là, chassés par eux vers l'antique Lemnos,
Ils fuyaient et ses bords et ceux de Ténédos,
Heureux séjour des Dieux, consacrés par des fables
Qui rendront à jamais ces îles mémorables.
Sous d'énormes marteaux qui maîtrisaient le fer,
Ici Vulcain forgeait des traits à Jupiter ;
Là, sur un trépied d'or, une auguste prêtresse
Servait d'organe au Dieu que consultait la Grèce,
Lorsque les députés de ses peuples pieux
Venaient interroger l'oracle de ces lieux.
   Mais alors que les vents, sous un ciel sans nuage,
Du pilote charmé hâtaient l'heureux voyage ;
Qu'à l'envi les vaisseaux fendaient les flots amers,
Des rivages voisins, accourent sur ces mers,
Et s'élancent contre eux d'implacables corsaires,
Dans leur soif du butin farouches adversaires.
On attaque, on résiste et déjà tout combat :
Un furieux courroux enflamme le soldat.

L'impitoyable Mars fait gronder son tonnerre ;
Et l'air mugit des coups de cent foudres de guerre.
Parmi des tourbillons, des nuages poudreux,
Chrétiens, Mahométans, dans un tumulte affreux,
Méprisant le trépas, tout bouillans de courage,
Redoublent sans relâche et de force et de rage.
En vain, sur ses vaisseaux, l'intrépide Ottoman
Défend le cher objet des vœux de Soliman ;
Il s'épuise en efforts, et dans sa résistance,
La mort partout l'accable et trahit sa vaillance :
A la parque il oppose un noble désespoir ;
Il brave les destins, s'immole à son devoir :
On s'acharne, on le presse, on saute à l'abordage ;
On fait de tous les siens un horrible carnage.
C'est avec moins d'audace, avec moins de fureur,
Que fond sur des troupeaux un lion ravisseur,
Qui, brûlant d'appaiser la faim qui le tourmente,
Assouvit dans leurs flancs sa rage dévorante.
Quel tableau s'offre alors parmi les Musulmans !
On n'y voit que débris encore tout fumans,
Que cadavres noyés dans le sang qui ruisselle,
Que malheureux luttans contre une mort cruelle,
Tandis que leurs vaisseaux sans mâts, sans défenseurs,
Vont du destin dans Malte attester les rigueurs.

Ah! que devint Elvire en ce combat terrible?
A force d'épouvante, éperdue, insensible,
Elle allait succomber au sort qui la poursuit,
Et descendre au séjour de l'éternelle nuit.
Cependant on l'entoure, on admire ses charmes;
On brûle de calmer ses mortelles alarmes.
L'éclat de ses attraits éblouit ses vainqueurs.
Pour elle il attendrit le plus cruel des cœurs,
Ismar, le dur Ismar, dont la vertu sauvage
Des amans jusqu'alors avait fui l'esclavage;
Mais à l'aspect d'Elvire il est vaincu soudain.
Tout le feu de l'amour s'allume dans son sein.
Pénétré d'une flamme aussi prompte que vive,
De tendres soins d'abord il comble sa captive.
C'est ainsi qu'il prétend surmonter ses rigueurs;
Qu'il espère, le traître, acheter ses faveurs.
Jadis ce Musulman commandait les galères;
Mais rebelle depuis à la loi de ses pères,
Du plus saint des devoirs il rompit les liens,
Et s'unit par vengeance aux armes des Chrétiens.
Contre son Roi l'armait une rage cruelle.
Jurant à Soliman une haine éternelle,
Pour l'assouvir, sans cesse il courait sur les mers
Exercer l'attentat de ses projets pervers.

Dans Malte qu'il servait, il avait un asile,
Et de fréquens butins il enrichit cette île.

  Loin de là cependant la déesse aux cent voix,
Et du faux et du vrai messagère à la fois,
Publiant des Maltais et grossissant l'offense,
A dirigé son vol vers l'antique Bizance :
Elle y jette l'alarme, et, d'un zèle indiscret,
Révèle à Soliman son funeste secret.
Ce monarque, outragé par un sujet coupable,
Lance contre le ciel un regard redoutable :
Il reproche au destin l'excès de sa rigueur ;
Puis, dans l'accablement plongé par la douleur,
Immobile, l'œil fixe, il gémit, il soupire ;
Il pleure et son affront et le malheur d'Elvire.
Mais en ce sombre ennui, passant rapidement
De son morne dépit jusqu'à l'emportement,
D'une voix de tonnerre aussitôt il s'écrie :
« Oui, monstres, dont sur moi s'assouvit la furie,
« Infâmes ravisseurs ! dans mon juste courroux,
« Je jure par ce fer de vous immoler tous.
« J'irai, vengeur d'Elvire, au sein de vos murailles,
« De vos corps palpitans déchirer les entrailles. »
  Il dit, et dans l'éclat d'un appareil pompeux,
Se présente un vieillard, grave et respectueux.

C'était de l'Alcoran le ministre suprême :

Il cédait au courroux qui l'agitait lui-même.

On l'admet : il s'avance ; un cortége pieux

Le suit, les yeux baissés, triste et silencieux.

Tous aux pieds du sultan, frappant du front la terre,

Lui venaient demander la vengeance et la guerre.

Mais le muphti se lève, et lui parle en ces mots :

« Digne appui du Croissant, magnanime héros !

« Soleil, dont la justice et dont la bienfaisance

« De tes vastes états ont comblé l'espérance,

« Permets qu'à tes chagrins le peuple, dans les pleurs,

« Joigne ici ses regrets et ses vives douleurs.

« Du coup qui t'a frappé la fatale nouvelle

« A déchiré son ame et redoublé son zèle :

« Il te supplie, au nom de son attachement,

« D'immoler des cruels à ton ressentiment.

« Des corsaires chrétiens le criminel outrage ;

« Les Ottomans par eux traînés en esclavage ;

« Tes pertes, nos dangers, tout veut que ta valeur

« Extermine dans Malte un Ordre destructeur,

« Ennemi d'un sultan que l'Orient révère,

« Secte impie et l'objet de toute ta colère ;

« Enfin, ces Chevaliers, ces pirates des mers,

« Dont l'audace partout nous a forgé des fers.

« De l'Europe à la Mecque ils ferment le passage ;
« Et si le Musulman, dans un pieux voyage ,
« Y vient de Mahomet visiter les Lieux Saints ,
« Arrêté dans sa course, il tombe entre leurs mains.
« Malte et ses forts sont pleins de tes sujets esclaves ;
« Mets, comme à leurs tourmens, un terme à leurs entraves
« Seigneur ! que ton épée aille les délivrer.
« Eux-mêmes par ma bouche osent t'en conjurer :
« Entends leur voix. Le fils te demande son père ,
« Et la mère son fils , et la fille son frère ;
« Vois avec eux en pleurs l'épouse à tes genoux ,
« Te prier de lui rendre un cher et tendre époux :
« Implorant ta justice , invoquant ta puissance ,
« Tous enfin de ton bras attendent leur vengeance. »
    Ces mots du fier sultan ont accru le courroux.
« Que tout s'arme, dit-il, et porte au loin mes coups !
« Le ciel l'ordonne : allez, amiraux, janissaires ,
« Allez, jusque dans Malte, écraser ses corsaires.
« Leurs membres dispersés sur ses débris fumans,
« De ma juste fureur seront les monumens ».
Et déjà ses guerriers, sujets, grands de l'Empire
Partagent à l'envi la rage qu'il respire.
Tous sont impatiens de voler sur les flots,
De franchir l'Hellespont pour venger ce héros.

Les clairons, la trompette ont annoncé la guerre.
Des milliers de soldats frappent du pied la terre.
Dans leur marche pressée, ils attestent l'ardeur
Qui de leur mâle audace enflamme la valeur.
Aux plaines d'Andrinople ils courent tous se rendre.
Là, tels que des torrens, ils semblaient se répandre :
Ils arrivaient en foule, aux sons retentissans
D'instrumens à la fois et confus et perçans.
L'air résonnait au loin du bruit de leur présence.

Dans un riche appareil, au milieu d'eux s'avance
Le monarque, en son cœur renfermant ses regrets,
Et lui-même accouru pour hâter ces apprêts.
Il visite, il parcourt sa formidable armée :
Il applaudit au feu dont elle est animée,
Et de ce zèle ardent son courroux satisfait,
Par un prochain départ, veut en presser l'effet.
L'ordre est donné. Soudain, d'une démarche fière,
File devant son Roi cette foule guerrière.
Un spectacle imposant frappe et flatte ses yeux :
Il voit dans ses soldats vingt peuples belliqueux,
Dont les rangs, où brillaient cent couleurs différentes,
Se montraient hérissés d'armes étincelantes.

Mais dans les ports voisins, où tous sont attendus,
De divers lieux déjà plusieurs sont accourus :

Ennemis du repos de leurs climats sauvages,
Des mers qu'ils vont franchir ils couvrent les rivages.
Sans cesse vers ces bords couraient des flots guerriers
D'escadrons indomptés, de bataillons altiers :
Aux peuples de l'Egypte et de la Tartarie
S'était joint l'habitant de l'aride Arabie,
Hommes durs et cruels, impétueux soldats,
Elevés dans le sang et l'horreur des combats.

De rapides coursiers, de phalanges légères,
Rhodes, pour le Croissant, arme aussi ses galères.
Tout au sultan promet des triomphes nouveaux :
Il a choisi pour chefs d'illustres généraux,
Piali, Mustapha, guerriers dont la vaillance
Faisait et respecter et craindre sa puissance.
A ses constans bienfaits l'un devait sa grandeur ;
L'autre, fier de son nom, avait, par sa valeur,
Par de brillans succès, par son expérience,
De son prince à jamais gagné la confiance.
De desirs meurtriers son cœur était brûlant.
Dans l'hiver de son âge, impétueux, bouillant,
Dur, emporté, superbe, et non moins sanguinaire ;
Mais de la discipline observateur sévère,
Ce mortel, dès l'enfance, aux travaux s'endurcit,
Et contre les Chrétiens un long courroux l'aigrit :

Aux armes du sultan, dont il soutint la gloire,
Il avait jusqu'alors enchaîné la victoire.

Hascen, Dragut aussi secondaient ses desseins.
Tous deux armaient pour lui de cruels Africains :
Amis, et de l'Empire honorés tributaires,
Ces bachas, des Chrétiens éternels adversaires,
Brûlaient d'aller dans Malte, en faveur du Croissant,
Assouvir leur courroux au prix de tout leur sang.

Enfin, prête à partir dès la prochaine aurore,
La flotte l'attendait aux rives du Bosphore.
Des vaisseaux qu'y menait un belliqueux desir,
A chaque heure, on voyait le nombre se grossir.
L'eau s'enflait sous le poids de leur masse inactive,
Et la voile à regret y demeurait captive.
Ce n'était sur les flots que mâts, que pavillons,
Que navires armés de puissans bataillons.

Et tandis que ces bords témoignaient un tel zèle,
Déjà de Soliman la milice immortelle,
Janissaires, spahis, au sein de leurs vaisseaux,
Attendent le signal pour voler sur les eaux.
D'invincibles soldats composaient leur armée.
Fière de ses exploits, de courage enflammée,
Cette brave milice invoquant les combats,
Des Chevaliers maltais jure aussi le trépas.

Tous demandent leur sang ; tous, animés de rage,
Ne respirent déjà que hasards, que carnage :
Ils voudraient, dans l'excès de leur empressement,
Du départ de la flotte avancer le moment.

FIN DU CHANT PREMIER.

LA MALTÉIDE.

CHANT SECOND.

SOMMAIRE.

CHANT SECOND.

LA nuit couvrant les cieux de ses voiles funèbres,
Avait chez les humains ramené les ténèbres :
L'homme oubliait alors ses maux, ses vains projets.
Soliman seul, en proie à d'éternels regrets,
Nourrissait son chagrin, méditait en silence
Les moyens de hâter sa terrible vengeance.
Mille soins de ses yeux écartent le sommeil.
Plein de rage, il attend le lever du soleil.
Pour sauver son Elvire, en sa douleur profonde,
Il brûle de franchir le vaste champ de l'onde,
De venger son affront, d'assouvir son courroux
Sur Malte et les Chrétiens déchirés par ses coups.
Il se plaint que le jour ne brille point encore.
Du retard qu'il éprouve il accuse l'aurore :
Au sein de son repos, que suspend le malheur,
Il n'écoute, ne voit que sa juste fureur.

Mais l'Amour qui sur lui signale sa puissance,
De son tourment enfin calme la violence.

Pour se venger soi-même, et servir ce héros,
Sur lui d'un doux sommeil il verse les pavots,
Et, d'une aile rapide, au moment où les songes
Viennent flatter nos sens d'agréables mensonges,
Il part, court aborder, dans leur sombre palais,
De l'immortelle nuit les ministres secrets :
Entraîné par sa voix persuasive et tendre,
Un d'eux vers Soliman s'empresse de descendre.
C'était un songe : il prend d'une rare beauté
le séduisant regard, le port, la majesté :
Il a les traits d'Elvire et l'éclat de ses charmes ;
Il y joint l'intérêt qu'inspirent les alarmes.
Au prince il apparaît sous ce déguisement,
Fixe sur lui ses yeux, pousse un gémissement,
Laisse couler des pleurs, languissamment soupire ;
Puis, imitant la voix de la touchante Elvire :
« Tendre ami, lui dit-il, toi qu'au delà des mers,
« Pleure une amante en proie à l'horreur de ses fers,
« Si de son sort instruit, ton amour le déplore,
« Sois sensible à ses vœux, c'est elle qui t'implore.
« Dans le deuil, les tourmens, elle vit loin de toi,
« Sous le joug d'un rebelle à l'honneur, à son Roi.
« Cher amant ! d'une épouse entends la voix plaintive,
« Et brise le lien qui la retient captive ;

« Délivre ton Elvire : Ismar est ton rival.

« C'est lui qui me poursuit de son amour fatal.

« Je n'ai que mes dédains pour toute résistance.

« Que d'éternels refus te prouvent ma constance !

« Hélas! si pour garder la foi de nos sermens,

« De ton cœur et du mien sacrés engagemens,

« Il faut périr, eh bien ! aux dépens de ma vie,

« Je sauverai l'honneur de ta fidelle amie....

« Au nom de ma tendresse, au nom de nos amours,

« De mes cruels ennuis viens terminer le cours ;

« Viens rompre ici les fers de mon dur esclavage ;

« Viens me sauver des mains d'un traître qui m'outrage :

« Il abandonne Malte, et sur les flots errant,

« Nourrit pour sa victime un desir dévorant. »

Soliman, transporté d'amour et de colère,

S'agite, tend les bras vers cette ombre légère :

En vain il croit saisir l'objet qui le séduit.

Le songe dans les airs s'envole avec la nuit.

    A peine l'Orient annonçait la lumière.

Le Sultan satisfait a rouvert sa paupière :

Il se lève ; et d'un cœur plein d'amour et de fiel,

De l'avis qu'il reçoit il rend grâces au ciel.

Dans son emportement, il veut, loin de Bizance,

Lui-même sur les flots déchaîner sa vengeance ;

Des mers de l'Archipel voler sur l'Océan,
Pour sauver son Elvire et perdre son tyran.
Les ordres sont donnés : dix vaisseaux, vingt galères
Vont suivre le héros, armés de Janissaires.
Son bras de ces mortels guidera la valeur.
Mais, avant qu'il ne cède aux cris de sa fureur,
Il sort de son palais, et va droit au rivage,
Où l'appelle un antique et solennel usage.
Là, convoquant sa cour et d'illustres guerriers,
Il confie à l'un d'eux le soin de ses lauriers.
Grave, et le cœur pressé d'une douleur muette,
De son front il détache une brillante aigrette ;
L'offre d'abord au ciel ; puis, l'attache au turban
D'un mortel qu'ont choisi le trône et l'Alcoran.
Ce gage du pouvoir, dont sa main le décore,
A nommé premier chef Mustapha qu'il honore.

A l'instant même il vole aux rivages voisins.
La mer calme, un ciel pur sourit à ses desseins :
Il n'entend que des cris de vengeance et de guerre.
L'ancre, à l'énorme dent, veut mordre une autre terre ;
On la lève, et déjà la voile aux plis mouvans,
Sur les flots s'abandonne au souffle heureux des vents.

Le monarque lui-même a fendu l'onde amère.
Son cortége ; l'éclat d'une pompe guerrière ;

Les sons multipliés du clairon belliqueux ;
De cent bronze tonnans le bruit majestueux,
Dans le port, sur les eaux, se succédant sans cesse ;
Les cris des matelots, d'une ardente jeunesse,
Tout, sur les flots dorés des feux du jour naissant,
Offrait en ce départ un spectacle imposant.
L'ombre avait dans sa fuite entraîné les étoiles.
De ses premiers rayons Phœbus frappait les voiles ;
Et Soliman pensif, au gré de ses desirs,
Voguait rapidement poussé par les zéphirs.
L'espoir flatte son cœur : il croit que sans défense,
Malte va dès ce jour tomber sous sa puissance.
Mais l'Ange du Très-Haut, de la voûte des cieux,
Soudain vole au secours de ces terrestres lieux :
Il descend dans leurs murs, et sa bouche immortelle
Eveille des Chrétiens et la crainte et le zèle ;
Rappelle aux Chevaliers leurs antiques exploits
Et de leur Ordre saint les belliqueuses lois.

Dans Malte commandait un illustre grand-maître,
Héros, chef admiré, que la France a vu naître,
Lavalette, dont l'ame exercée au malheur,
En triompha long-tems par sa seule valeur.
Toutefois, quelque appui qu'il mette en son courage,
Il s'émeut prêt à voir sur lui fondre l'orage.

Mais son grand cœur s'échauffe à l'aspect du danger:
Avec ses Chevaliers, fier de le partager,
Il s'arme au même instant d'une mâle assurance,
Et court de ses remparts ordonner la défense:
Il a parcouru l'île, et de ses habitans
A fait, par ses discours, de hardis combattans.
A leur tête il a mis des mortels intrépides;
Derrière eux des soldats, dont les coursiers rapides,
Dont le nombre formant de puissans escadrons,
Soutiendront, au besoin, l'effort des bataillons.
Enfin, dans leur courage et dans sa prévoyance,
Repose des Chrétiens l'entière confiance;
Et du haut de leurs forts, mille foudres d'airain
Sont tout prêts à vomir le trépas de leur sein.
Là, des guerriers vaincront ou périront ensemble.
    Convoqué cependant l'Ordre aussitôt s'assemble.
Lavalette y préside avec la dignité
Et tout l'éclat du rang et de l'autorité.
Il se lève : on l'écoute ; et rompant le silence,
Ce mortel que dirige une rare prudence,
Ne dissimule point sa crainte, son danger,
Le torrent d'ennemis qui le vient assiéger.
« Mais de quelques revers, dit-il, qu'on nous menace,
« A la force opposons la sagesse et l'audace.

« Qu'en défendant le port, de vaillans Chevaliers

« Aillent combattre, vaincre ou mourir les premiers !

« Pour nous intimider, en vain la renommée

« Vante de Soliman la redoutable armée.

« Contre tant de héros que pourront ses soldats?

« Ils viennent se plonger dans la nuit du trépas.

« Loin de nous effrayer, que leur foule au contraire

« Nous arme d'un courage au-dessus du vulgaire !

« Courons, brillans d'espoir, d'une égale valeur,

« Dans un premier assaut les frapper de terreur,

« Etonner, rebuter, par notre résistance,

« Ces Ottomans flattés d'une vaine espérance.

« Peut-être, aidés du ciel, de si puissans efforts

« Les vont-ils à jamais repousser de ces bords.

« Mais pour cette entreprise et grande et périlleuse,

« Il faut le dévoûmeut d'une ame généreuse.

« Que tous ceux, dont le zèle aspire à cet honneur,

« En expriment ici l'impatiente ardeur. »

A ces mots d'un mortel qu'un Dieu puissant anime,

On eût vu ces guerriers, d'un transport unanime,

Se lever, supplier, demander à grands cris

Des périls dont ils sont également épris.

Tous à la fois pourtant ne sauraient y prétendre,

Et de nouveau leur chef s'est déjà fait entendre :

« Compagnons, poursuit-il, en élevant la voix,

« Votre zèle vous rend tous dignes de mon choix ;

« Mais la prudence veut qu'à l'effort de l'orage,

« Peu d'entre nous d'abord opposent leur courage.

« Souffrez donc que le ciel leur accorde, avant vous,

« Des travaux dont vos cœurs se montrent si jaloux.

« Que le sage Copier, en qui l'expérience

« Dans les combats toujours fut jointe à la vaillance,

« Aidé, suivi des flots de nos arquebusiers,

« Dirige vers le port d'impétueux guerriers.

« Il aura pour appuis d'agiles insulaires,

« Dont il animera les phalanges légères,

« Tandis que, dans l'attaque, affrontant le trépas,

« Nos jeunes Chevaliers guideront les soldats.

« Déjà, dans cet assaut, l'Europe les contemple :

« A nous-mêmes alors ils donneront l'exemple.

« Nous les imiterons ; et, du haut de nos forts,

« Le métal foudroyant soutiendra leurs efforts :

« Ou, si loin de cueillir un laurier salutaire,

« Ils trouvent la fortune à leurs armes contraire,

« Favorisés par nous et sauvés des hasards,

« Ils feront leur retraite au sein de nos remparts.

« Sans ressource bientôt, épuisé de fatigue,

« De son sang, de ses jours aveuglément prodigue,

« L'ennemi qui les croit accabler de ses coups,

« Ne leur opposera qu'un impuissant courroux. »

Ainsi parla ce chef. Des mesures si sages

De toute l'assemblée entraînent les suffrages :

On partage son zèle, on vante ses avis,

Et dans le même instant ils vont être suivis.

  Mais pendant qu'aux assauts chaque fort se prépare,

Copier, de Lavalette, en héros se sépare :

Il ne voit hors des murs que lauriers à cueillir.

Insensible aux dangers tout prêts à l'assaillir,

Il part, court dévoué, n'écoutant que son zèle,

En signaler encor la constante étincelle,

En transmettre la flamme au cœur de ses soldats,

Fiers, avec un tel chef, d'affronter les combats.

De tous côtés, soudain la trompette éclatante

Sonne, appelle à la gloire une jeunesse ardente ;

Et ses mâles accens, au sein de leurs remparts,

Rassemblent les Chrétiens sous leurs saints étendarts.

De ces drapeaux, où brille une croix glorieuse,

Flotte avec majesté la toile belliqueuse.

Tous témoignent encor, par des signes certains,

Par des restes sacrés, quels furent leurs destins.

A leur aspect, les cœurs de courage frémissent :

Bataillons, escadrons, près d'eux se réunissent,

Arrivent emportés par un empressement
Que le plus saint devoir commande en ce moment.
Tels on voit des troupeaux, lorsqu'un subit orage
Se dispose, en grondant, à déchaîner sa rage,
Des lieux où leur instinct les tenait arrêtés,
Accourir vers la plaine à pas précipités;
Former, au son bruyant d'un ciel qui les tourmente,
Des masses dont la foule et se presse et s'augmente.

De leurs flots cependant, redoutables renforts,
Habitans et soldats inondent l'un des forts.
Leur vaillant chef paraît, vole et brille à leur tête.
Des pénibles travaux que ce jour leur apprête,
Il veut dans ses discours leur montrer tout l'éclat,
Et ce que d'eux attend le salut de l'Etat.
« Oui, dit-il, mes amis, qu'ici tout justifie
« Le choix qu'ont fait de nous le chef et la patrie.
« Ils comptent sur l'effort de vos cœurs généreux,
« Pour les sauver d'un joug et cruel et honteux.
« A qui l'honneur commande il n'est rien d'impossible;
« Et le fier Soliman, cet ennemi terrible,
« Par nous, dans ses bachas, harcelé, combattu,
« Des Chrétiens qu'il poursuit connaîtra la vertu. »
Mille cris à ces mots s'élancent des murailles;
On brûle d'en sortir pour voler aux batailles.

Aux vœux, au bruit confus d'un peuple tout entier,
Chacun des bataillons joint un concert guerrier.
Le cor, le fifre aigu, le clairon, la cymbale,
L'acier, l'airain sonnant, musique orientale,
Frappent l'air à l'envi de leurs sons éclatans,
Et déjà vers le port marchent les combattans.
    Enfin parut des Turcs la flotte redoutable :
Elle fendait les mers sous un vent favorable.
A l'aspect de ses mâts, de ces nombreux vaisseaux
Qui de leurs flancs couvraient la surface des eaux,
On crut voir s'avancer une forêt flottante
A travers les bouillons de la vague écumante.
De ces vaisseaux bientôt partent d'horribles cris.
Par eux sont annoncés des cœurs de rage aigris,
Dont les voix, en donnant le signal du carnage,
Font au loin retentir les échos du rivage.
A ces cris la Vengeance et ses cruelles sœurs
Ont soudain répondu par d'affreuses clameurs.
L'air gémit sous le poids, sous l'effort de leurs ailes,
Et les fiers Musulmans sont précédés par elles.
    Déjà, sûrs du triomphe, ils menacent le port.
Mais qu'aussitôt leur vue excite un saint transport !
De tous les Chevaliers, dont le zèle s'enflamme,
Une divine ardeur pénètre et saisit l'ame.

Au sort qui les attend ils se vont préparer :
Espérant tout du ciel, ils courent l'implorer ;
Et fervens, animés du plus pieux exemple,
Ils sont tous devant Dieu prosternés dans son temple.
Là, du céleste pain qui les doit soutenir,
Dans un sacré banquet ils viennent se nourrir.
Alors, sublime effet de ce pain salutaire !
Leur esprit n'a plus rien qui tienne de la terre.
Le ciel seul les possède ; et dans leur piété,
Ils ne respirent plus que la divinité.

A ce ravissement d'une vertu suprême
Lavalette inspiré s'abandonne lui-même :
Il fait plus, il s'élance aux pieds des saints autels.
Là, d'un Dieu protecteur des valeureux mortels
Il invoque le bras, implore l'assistance ;
Puis, d'un ton que soutient une mâle éloquence,
Il s'écrie animé d'une héroïque ardeur :
« A de sanglans assauts nous appelle l'honneur ;
« Volons-y, Chevaliers ! et qu'une prompte audace
« Sauve aujourd'hui nos murs du fer qui les menace.
« Oui, pour eux dévoués ; oui, pleins d'un noble orgueil ,
« Courons de leurs débris nous faire un beau cercueil.
« D'un Ordre aimé des cieux cette île est la patrie :
« Heureux ceux qui pour elle auront donné leur vie!

« De notre sang versé le glorieux tribut,

« Du Dieu qui la protége obtiendra son salut.

« Pour elle, de nos soins la sage prévoyance

« Nous permet une longue et vive résistance.

«Vos desirs et les miens ont été prévenus ,

« Nos secours assurés et nos besoins prévus. »

   A ce discours , passant d'une subite extase

A tout l'emportement du feu qui les embrase,

Ces guerriers, de leur chef admirateurs ardens ,

Prononcent devant lui le plus saint des sermens :

Ils jurent d'affronter le destin des batailles ,

De chercher dans leurs murs d'illustres funérailles,

D'obtenir, au mépris des plus rudes combats ,

La victoire ou l'honneur d'un généreux trépas.

En vain de tant d'assauts la tempête prochaine

Leur présage une mort et terrible et certaine ;

En vain, de l'Orient, vingt peuples conjurés

Accourent, de leur sang avides, altérés.

Leur nombre, leur aspect, leur vengeance, leur rage ,

Rien de ces Chevaliers n'étonne le courage.

Tous brûlent de voler où les attend la mort ;

Tous dédaignent la vie et bénissent leur sort.

Mais qu'il se passe entr'eux une scène touchante !

Ces Chevaliers qu'unit une amitié constante ,

Pour garant désormais de leur attachement,
Se donnent un pieux et tendre embrassement.
Doux spectacle! chacun, dans le sein de ses frères,
Epanche de son cœur les sentimens sincères.
Résignés, pleins d'espoir, de confiance en Dieu,
Ils se font l'un à l'autre un éternel adieu.
Tout-à-coup dans ces cœurs succède le silence.
Mais de leur dévoûment ô sainte violence!
Tous, du pied des autels précipitant leurs pas,
Courent chercher la gloire en volant au trépas.

FIN DU CHANT SECOND.

LA MALTÉIDE.

CHANT TROISIÈME.

SOMMAIRE.

Les commandeurs Romégas et Guiral, fameux Chevaliers, observent du haut de leurs forts l'amiral turc, nommé Piali. — Danger que court sa flotte. — L'Amour vient à son secours. — Moyens qu'il emploie pour faire débarquer dans l'île les troupes de Soliman. — L'armée ennemie pénètre dans Malte. — Elle est arrêtée par le chevalier Larivière, jeune officier de la plus grande bravoure. — Combat qu'il livre aux Musulmans. — Carnage qu'il fait dans leur armée. — Il succombe enfin sous le nombre. — Il est fait prisonnier de Mustapha, général en chef des troupes ottomanes. — Aveu que son vainqueur exige de lui. — Beau dévouement de ce Chevalier. — Sa fin malheureuse, etc.

CHANT TROISIÈME.

Dans les forts menacés d'être réduits en poudre,
Tandis que des Chrétiens repose encor la foudre,
Deux intrépides chefs, Romégas et Guiral
De la flotte ennemie épiaient l'amiral.

C'était ce musulman qui, dans un sort contraire,
De son prince éprouva la bonté tutélaire.
Soliman, dont le ciel lui fit un protecteur,
Avait en lui soustrait sa victime au malheur.
Le monarque au sujet prodigua sa largesse :
Entre ses fils et lui partageant sa tendresse,
Il le combla de biens, l'admit pour favori,
En fit son confident, son ministre chéri,
Et liant ses destins à ceux de sa famille,
Légitima les vœux qu'il formait pour sa fille :
Il daigna l'honorer de son auguste main.
Pour dernière faveur, l'illustre souverain
L'élut chef de la flotte, alors que sa vengeance
Envoya des Maltais châtier l'insolence.
Piali se montra digne en tout de son choix ;
Et sa reconnaissance éclata mille fois.

5

Décidé cependant à tenter la descente,
Devant Malte et ses forts l'ennemi se présente :
Et déjà pour l'assaut prêt à tout disposer,
Par son fier appareil il veut en imposer.
La rive était muette, et décelait la crainte.
Piali s'y méprend ; il cède à cette feinte,
Hasarde son approche, et croit, sans nul effort,
Débarquer ses soldats, et s'emparer du port.
Mais quelle est sa surprise! Un feu prompt et terrible
Oppose à son projet un obstacle invincible.
Le vaillant amiral qu'aveugle son dessein,
S'obstine, et bat le port de ses foudres d'airain.
Un assaut meurtrier des deux côtés commence.
Même ardeur dans l'attaque et dans la résistance.
Du bronze, s'exhalait un feu continuel,
Et toujours redoublant et toujours plus cruel.
Mais c'était sans succès, dans leur fatale audace,
Pour les Turcs, menacés d'une entière disgrace ;
Ils ne pouvaient long-tems lutter contre les feux
Que l'île vomissait de ses rochers sur eux :
En efforts impuissans la flotte consumée,
Dans la profonde mer allait être abîmée.

    Mais un Dieu sauvera les armes du sultan ;
C'est l'Amour, des humains le maître et le tyran,

Dangereux séducteur, qui, jusqu'au trône même,

S'attaque, et trop souvent commande au diadême ;

Qui sans cesse se fait un jeu de nos tourmens ;

Qui mêle à ses plaisirs d'affreux emportemens.

De sang il inonda les rives du Scamandre ;

Il dévasta l'Asie et mit Pergame en cendre.

Outré que de pieux, d'intrépides mortels

Aient osé mépriser son culte et ses autels,

Il s'irrite, frémit, s'excite à la vengeance,

Et veut que ses fureurs attestent sa puissance.

« Quoi! dit-il, non contens de braver mon pouvoir,

« Des cœurs, pour qui l'outrage est le plus saint devoir,

« Voudraient, avec mon nom, détruire mon empire !

« Ah! suis-je donc l'Amour? et le malheur d'Elvire

« Ne doit-il point tourner tout mon ressentiment

« Contre les ennemis de son illustre amant ?

« Armons-nous; oui, montrons, du couchant à l'aurore,

« Ce que je fus jadis, et quel je suis encore.

« Long-tems chez les humains pour moi fuma l'encens;

« J'étais craint jusqu'au ciel des Dieux les plus puissans :

« Aujourd'hui, sans honneur, sans culte sur la terre,

« Non moins que dans Paphos, on m'oublie à Cythère !

« Désormais pour un dieu l'on ne m'avoûra plus !

« Et partout je verrai mes temples abattus !

« Mais sait-on, quoiqu'enfant, qu'aussi vieux que le monde,
« J'habite en souverain le ciel, la terre et l'onde ?
« Que par moi l'univers se peuple d'habitans ?
« Que mon empire fut, et sera de tout tems ?
« Et je pourrais souffrir la plus cruelle injure !
« Moi, le maître des cœurs, le fils de la nature !
« Ah ! c'est trop différer ; c'est trop, dans mon courroux,
« Epargner des mortels acharnés contre nous :
« Allons ; et secouant le joug d'un Dieu suprême,
« Courons servir l'Asie, et me venger moi-même.

Il dit, et prend son vol vers des monts sourcilleux,
Couverts d'une vapeur qui les dérobe aux yeux.
Ces monts sont des brouillards l'asile solitaire.
La Nature de-là les répand sur la terre,
Où, partout aux humains cette divinité
Paraît dans sa grandeur et sa diversité.
Simple et majestueuse, agréable ou bizarre,
Prodigue de ses biens et de ses dons avare,
Humble, riante, horrible, imposante à la fois ;
Mais toujours immuable et sage dans ses lois,
De la terre et des eaux cette immortelle reine
A ce vaste univers commande en souveraine ;
Elle étend son pouvoir sur tous les élémens,
Et par elle est régi l'ordre infini des tems.

Le redoutable Amour, fils cher à sa tendresse,
En des termes touchans, la conjure, la presse,
Au nom de son dépit, de tout son déplaisir,
D'exaucer de son cœur l'impatient desir :
Elle en sait le motif, et, mère complaisante,
Elle cède à l'accent de sa voix suppliante.
Elle ordonne aux brouillards d'accompagner son fils
Où, sur l'heure, il prétend perdre ses ennemis :
A l'instant, du chaos filles silencieuses,
Se détachent des monts ces vapeurs ténébreuses.
Le Dieu qui les commande est reçu dans leur sein ;
Animé de l'espoir d'accomplir son dessein,
Il part, et sert de guide à ces vastes nuages
Qui versent, dans le jour, la nuit sur les rivages.
Un vent du nord les pousse avec rapidité ;
Et de leurs flancs noircis s'épand l'obscurité.

    Ils parviennent dans Malte : aussitôt l'île entière
A vu d'un ciel brillant s'éclipser la lumière.
Dans leur sombre épaisseur, les objets disparus
Se perdent au milieu d'un Océan confus
De brouillards, dont la masse au loin règne sur l'onde,
Et convertit le jour en une nuit profonde :
Elle interrompt l'assaut. Assiégeans, assiégés,
Egalement surpris et dans l'ombre plongés,

Sont forcés tout-à-coup de céder à l'obstacle,
Qu'à leur acharnement oppose un tel miracle.
   Mais le cruel Amour, s'élançant vers les eaux,
A donné pour signal l'éclat de ses flambeaux :
Il ralentit son vol ; sur la flotte s'arrête,
Et d'un riche turban couvre à l'instant sa tête :
Il veut, dans ses conseils, feindre l'autorité
D'un mortel cher au peuple et des grands respecté.
L'Empire n'eut jamais un sujet plus fidèle.
L'Amour dans ce vieillard a choisi son modèle.
Sous un sourcil épais et blanchi par les ans,
Il tempère le feu de ses regards perçans :
Il a ridé son front, et mis sur son visage
Du tems qui nous flétrit le respectable outrage.
Sa barbe sur son sein tombe avec majesté.
C'est l'imposant Ouglou par l'Amour imité.
Il en prend et la taille et le port vénérable :
Il y joint de son rang l'appareil honorable,
Sur son arc, seul appui de ses pas chancelans,
Se courbe, et protecteur, se mêle aux Musulmans.
Debout au milieu d'eux, le Dieu, d'une voix forte,
A lui prêter l'oreille aussitôt les exhorte :
On l'écoute, on l'admire, et déjà ses avis
Sont par toute la flotte et goûtés et suivis.

De sa main dirigés, les vaisseaux en silence,
partent, rasent la côte, arrivent dans une anse;
Et de-là, précédé par ce guide puissant,
Sans tumulte et sans bruit sur la terre on descend.
Hascen et Piali, tous deux sur les galères,
Et l'indompté Dragut, premier chef des corsaires,
De leurs fiers compagnons enflammant les esprits,
Veillaient, non loin du port, à n'être point surpris:
Ils craignaient que, parti des bords de la Sicile,
Un essaim de guerriers ne vînt fondre sur l'île:
Inquiets, et pourtant prêts à lui résister,
Contre des rocs altiers ils allaient tout tenter.

   Dans Malte enfin pénètre une foule guerrière;
Mais contre elle marchait le jeune Larivière,
Digne du nom français, illustre chevalier,
De son camp, vers ces lieux détaché par Copier.
Dans un calme profond, s'avançait à sa suite
Un escadron formé d'une troupe d'élite.
Tout-à-coup il s'arrête: il écoute... Il entend
Un bruit sourd et confus qui jusqu'à lui s'étend:
Saisi, mais de son cœur déguisant la surprise,
Des armes du Croissant il craint quelqu'entreprise.
Rassuré toutefois, en ce danger pressant,
Il s'arme sans effort d'un courage imposant:

A Copier l'un des siens en porte la nouvelle.
Pour lui, n'écoutant plus que l'honneur, que son zèle ;
Plein du noble desir qui l'appelle aux combats,
Il exhorte en ces mots ses généreux soldats :
« Compagnons ! c'est ici que la foule s'avance...
« Eh bien ! que de vos coups soudain la violence
« L'arrête et la disperse au sein de ces brouillards,
« Dont l'heureuse épaisseur nous cache à ses regards.
« La peur dans son esprit grossira votre nombre.
« Qu'une intrépide audace, à la faveur de l'ombre,
« De vos ardens coursiers piquant, pressant les flancs,
« Porte l'effroi, le trouble et la mort en ses rangs.
« Nos chefs vous aideront de toute leur puissance.
« J'ai demandé pour vous une prompte assistance.
« Comptez sur elle, amis, et, sûrs de l'obtenir,
« Fondez sur des cruels alors qu'ils vont s'offrir. »
A ces mots, l'escadron prêt à tout entreprendre,
Pour rompre l'ennemi se résigne à l'attendre.
Ravi de l'attaquer, quoiqu'en nombre inégal,
Il voudrait du combat avancer le signal.

    Enfin des Musulmans la foule menaçante,
Avec sécurité devant lui se présente.
Aussitôt, tel qu'on voit l'ouragan furieux
Sur la terre ou les eaux fondre du haut des cieux,

Dans son premier transport, dans l'ardeur qui l'excite,
Le bouillant escadron vole, se précipite,
Tombe à coups redoublés sur l'Ottoman surpris,
Dont soudain la terreur a frappé les esprits.
A ce choc imprévu, tout s'ébranle, tout cède;
Au trouble dans les cœurs le désespoir succède:
On n'entend plus déjà que les cris effrayans
Des malheureux foulés aux pieds des assaillans.
De fiers coursiers, couverts de sang et de poussière,
L'œil en feu, respirant une rage guerrière,
Rompent les bataillons, écrasent les soldats,
Et plus brûlans encor de la soif des combats,
De leurs naseaux fumans, de leur bouche écumante,
Soufflent dans tous les rangs la mort et l'épouvante :
Avec l'audace en eux s'augmente la fureur.
Ce n'est partout qu'un choc, qu'un bruit mêlé d'horreur:
Le fer frappe le fer. L'effort, le feu des armes,
Le tumulte, les cris, la rage, les alarmes,
Tout présente à la fois le plus affreux tableau.
Là, le Maure, l'Arabe a trouvé son tombeau:
Il n'écoute plus rien que sa frayeur extrême.
L'Aga, le Janissaire, est emporté lui-même.
Pressé par le péril, forcé de l'éviter,
Chef, soldat aux Chrétiens n'ose plus résister.

Déjà que d'Ottomans ont mordu la poussière!
Tout croit dans l'escadron voir une armée entière :
Un désordre fatal règne dans tous les rangs.
Au gré de leurs coursiers, dont ils pressent les flancs,
Larivière et les siens, qu'excite le carnage,
Font des Turcs éperdus le plus sanglant ravage.
Mustapha cependant les prétend rallier.
Ce chef si redouté, ce féroce guerrier,
Transporté de fureur, crie, exhorte, menace :
Il oppose à leur crainte une invincible audace,
Se jette au milieu d'eux, sauve ses étendards,
Et ramène au combat ses bataillons épars.

Au même instant, le Dieu qu'enflamme sa vengeance
S'empresse de l'aider de toute sa puissance :
Par lui déjà le jour à la terre est rendu.
D'un ciel brillant alors l'éclat inattendu
A trahi les Chrétiens, redonné le courage
Aux Musulmans confus et pénétrés de rage :
Ils font sur l'escadron tomber tous leurs efforts.
Il résiste, il combat, il brave mille morts.
Plus redoutable encor, dans ce moment terrible,
De tout ce qui l'entoure il fait un meurtre horrible.
Le trépas de ses mains ne cesse de pleuvoir.
Le fer, le feu, tout sert un dernier désespoir.

D'un étrange desir sa valeur est séduite.

Plutôt que de devoir son salut à la fuite,

Il veut, dans la fureur qui captive ses pas,

Par un nouveau carnage illustrer son trépas ;

Montrer dans sa vengeance à tel point assouvie,

Son rare dévoûment, son mépris pour la vie.

Enfin de l'escadron par le nombre écrasé,

Sur son coursier mourant le chef est renversé :

Il se relève ; en vain sa redoutable épée

Dans le sang ennemi s'est encore trempée.

On le presse, il succombe ; et ce fier chevalier

Du cruel Mustapha fut le seul prisonnier.

Ses braves compagnons, au fort de la mêlée,

Trouvèrent dans leur zèle une fin signalée.

A peine du trépas quelques-uns préservés,

A de meilleurs destins furent-ils réservés.

Alors, que fait Copier ? En soi plein d'assurance,

Et dans ses bataillons fondant son espérance,

Aux Chrétiens menacés il portait des secours,

Et de leur vaillant chef courait sauver les jours.

Cependant, ô surprise ! ô disgrace mortelle !

Du funeste combat il apprend la nouvelle :

Aussitôt dans les cœurs se glisse un noir chagrin.

Des guerriers expirés tous pleurent le destin.

Mais loin que la vertu cède à leur sort contraire ;
Tandis que la douleur éveille la colère,
Copier suspend sa marche, assemble ses soldats ;
Et de leurs frères morts exaltant le trépas,
« Ils se sont tous couverts d'une gloire immortelle,
« Leur dit-il. Le destin a trompé votre zèle.
« Son injuste rigueur ne vous a point permis
« D'arracher à ses coups de généreux amis.
« Regrettons leurs vertus, imitons leur courage ;
« Et, comme eux, préférons la mort à l'esclavage. »
A ces mots, sur ses pas il revole soudain :
Il court asseoir son camp sur un tertre voisin,
S'y fortifie, et là, sa valeur consommée
Attend des Musulmans la formidable armée.
Il prétend, protégé par le bronze des forts,
Contre elle signaler ses belliqueux efforts,
Diminuer la foule à force de batailles,
Et d'un cruel assaut garantir ses murailles.

Cependant le vainqueur, de sa perte confus,
Exprime par des cris ses regrets superflus.
Dans son fatal succès il triomphe sans gloire.
Que de sang, en un jour, lui coûte la victoire !
Sur le champ de bataille, il voit de toutes parts
Des morts et des mourans, des cadavres épars,

Dont le nombre incroyable et dont l'affreuse image
Sont d'un saint dévoûment l'éclatant témoignage.
Mais le bacha, poussé d'un secret mouvement,
Se livre à tout l'excès de son ressentiment :
Il avait médité la plus noire vengeance.
Il fait, dans sa fureur, traîner en sa présence
Son captif, aussi grand que ferme en ses revers,
Et triomphant de lui, même au sein de ses fers.
Mustapha l'interroge : il veut qu'il lui révèle,
Traître aux siens, à l'honneur, dans un récit fidèle,
Les desseins du grand-maître et les puissans moyens,
Qui restaient pour défense au pouvoir des Chrétiens ;
Leur espoir, les secours qu'ils avaient à prétendre ;
Tout ce que leur courage oserait entreprendre.
Lariviere lui dit : « De ces guerriers, seigneur,
« Long-tems la renommée a vanté la valeur.
« Tous, au prix de leur sang, ont juré de défendre
« Des remparts où l'honneur se plaît à vous attendre.
« Cette île deviendra leur glorieux cercueil.
« Vaincre ou mourir pour elle est leur unique orgueil.
« Avant que d'expirer sous le fer, par vos armes,
« Qu'au sultan, qu'à vous-même ils causeront d'alarmes !
« Tous leurs forts sont remplis de nombreux combattans,
« Et pourvus de secours à leur gloire importans. »

Il ajoute : « Bientôt, au gré de leur attente,

« Paraîtra sur ces mers une flotte puissante,

« Qui, des ports de l'Europe, en volant vers ces lieux,

« Y viendra partager des travaux glorieux. »

Le Musulman, piqué d'une telle réponse,

Et plus surpris encor du secours qu'elle annonce,

Repart, dans un courroux qu'il ne peut retenir :

« Un redoutable assaut le saura prévenir

« Ce secours, dont te flatte une vaine espérance.

« Demain Malte et ses forts seront en ma puissance ».

A ces mots, il s'en va, la rage dans les yeux,

Et par elle conduit il parcourt divers lieux.

Dégagé de ses fers son captif l'accompagne.

Le fier bacha s'avance au pied d'une montagne ;

En son ame contrainte étouffe sa fureur,

Descend de son coursier ; puis, affrontant l'ardeur

D'un ciel dardant ses feux sur une roche aride,

Y gravit ; et d'un pas, laborieux, avide,

Autant qu'à son déclin son âge le permet,

Plein de vigueur encor parvient jusqu'au sommet.

De-là, ce Musulman découvre l'île entière :

Il l'observe ; et bientôt commande à Larivière,

S'il ne veut point subir la plus cruelle mort,

De ne lui rien céler, de nommer chaque fort ;

De dire les mortels armés pour les défendre ;
Tout ce qui le pourrait aider à les surprendre.
Le jeune Chevalier, sans craindre pour ses jours,
Obéit au cruel, et lui tient ce discours :

« Ce fort que vous voyez. et vaste et redoutable,
« Montrer dans ses remparts un front inexpugnable,
« Est vaillamment gardé par d'illustres Français,
« Tout couverts de l'éclat des plus glorieux faits.
« Non loin d'eux, noble sang d'Autriche et d'Italie,
« Des cœurs, en qui l'audace au dévoûment s'allie,
« Dans cette citadelle, ont tous brigué l'honneur
« D'affronter des périls que cherche la valeur:
« Un grand nombre défend la porte de Bormole.
« A cette extrémité, voyez-vous sur ce mole,
« Ces superbes Anglais, ces fiers enfans des mers,
« Qui se croiront, un jour, les Rois de l'univers ?
« A leur gauche, où paraît cette croix triomphante,
« L'antique fort Saint-Ange à vos yeux se présente.
« Pour chefs, dans sa défense, il a Garzerantos
« Et Mesquita, tous deux intrépides héros.
« Catalans renommés, à leur haute naissance
« Ils joignent des grands cœurs la force et la constance :
« Avec eux dans ces murs combien de Castillans !
« Tous dignes d'obéir à des chefs si vaillans !

« Tous braves, tous armés d'un zèle insurmontable !
    « Proche de ces remparts est la cité notable.
« La garde en est commise au chevalier Vagnon,
« Du grand-maître jadis l'illustre compagnon.
« Son bras lui prête encore un glorieux service.
« D'un tel chef redoutez l'invincible milice…
« Ici le fort Saint-Elme et ses fiers boulevarts,
« Hérissés de soldats, s'offrent à vos regards.
« Broglio, Degarras, qui tous deux les défendent,
« Y semblent défier vos assauts qu'ils attendent.
« Plus loin, Torreglias, majorquin redouté,
« Chevalier plein d'audace et d'intrépidité,
« Veille à la tour du mole, où sa seule présence
« D'un triomphe certain commande l'espérance.
« Près de-là, dans le port, vous voyez Romégas,
« Ce fameux commandeur, ce foudre des combats.
« Indomptable marin, l'effroi de vos corsaires,
« Il dirige en ces lieux les troupes des galères.
« Remarquez ce mortel placé non loin de lui :
« C'est Guiral qui lui prête un formidable appui.
« Voyez avec quel art sur ces roches altières,
« Il dispose, au besoin, ses machines guerrières.
    « Que de héros ces murs armeront contre vous !
« Là, sont de Négrepont, Ruiz, Quincy, Gioux,

« Médina, Gonzalès, que nul danger n'arrête,
« Et Médran, dont le bras à nous venger s'apprête,
« Enfans de la victoire, impétueux guerriers,
« Qu'attendent la fortune et de nouveaux lauriers !
« Là, sont et de la Motte, et l'ardent Lamirande,
« Et Roble et Guimeran, chefs, dont chacun commande
« Un puissant bataillon, élite des Maltais,
« Qu'enflamme et leur exemple et l'amour des hauts faits.
« A leur droite, voyez et Laroche et d'Elbène,
« Et l'intrépide Abel, gloire de l'Aquitaine,
« Et Demonté, Dumas et le fier Demorgut,
« Tous de l'île à la fois l'espoir et le salut.
« A leur fougueux maintien, à leur impatience,
« De ces autres mortels connaissez la vaillance.
« Voilà Ferrier, Sada, Guérare, Debridiers,
« Rivaros, tous jaloux de vaincre les premiers.
« Non loin d'eux, quel desir, quelle ardeur fait paraître
« Ce brillant Chevalier, neveu cher au grand-maître !
« Avec son jeune ami défiant le destin,
« Il médite d'avance un belliqueux dessein.
« O d'un saint dévoûment quelle preuve éclatante,
« Un jour, vous donnera leur amitié touchante !
    « Mais tournez et fixez vos regards vers ce fort,
« Où de nos Chevaliers vole un puissant renfort.

« Admirez, dans leur marche et superbe assurance,

« Ces mortels distingués, l'élite de la France.

« Sur leurs pas, voyez-vous ces généreux Germains?

« Ce sont tous des héros, vengeurs de nos destins,

« Qui, naguère arrivés des lieux de leur naissance,

« Viennent par des exploits attester leur vaillance.

« Que j'aime à voir ainsi flotter leurs étendards!

« Ils courent pleins d'audace au-devant des hasards.

« Dans leur zèle à chercher un danger qui les flatte,

« Par mille sons guerriers leur dévoûment éclate.

« Avec eux, un génie, au-dessus des revers,

« Prépare son triomphe aux yeux de l'univers.

« Ce génie est leur chef, esprit mâle, intrépide,

« Dont la rare sagesse à tout veille et préside.

« Son nom est Lavalette. En tous lieux parvenu,

« De vous aussi, seigneur, il doit être connu.

« Ce chef plus d'une fois fit trembler votre Empire.

« L'Afrique le redoute et l'Europe l'admire.

« C'est un Dieu qui l'anime, et qui met en son cœur

« Ce courage étonnant, cette héroïque ardeur,

« Dont la vive étincelle, en passant dans notre ame,

« De toute sa chaleur et l'échauffe et l'enflamme.

« Le bouclier de Malte est dans sa fermeté.

« Quel que soit le péril où le sort l'ait jeté,

« Il surmontera tout ; et, dans sa résistance,

« Bientôt vous allez voir triompher sa constance ».

A ces mots Larivière ajoute avec grandeur :

« Au devoir d'un captif j'ai satisfait, seigneur ;

« Je vous ai peint ces forts, les chefs qui les commandent ;

« J'ai dit quels Chevaliers, quels peuples les défendent :

« En révélant leurs noms, j'ai dû vous obéir ;

« Mais vous faire un aveu qui les pourrait trahir !

« Cessez de l'espérer. L'honneur, ma conscience,

« Le devoir, tout m'impose un généreux silence.

« Dût le sort m'accabler du poids de sa rigueur,

« Je l'avoûrai, ses coups ; la crainte, le malheur,

« Rien ne fera jamais d'un Chevalier un traître.... »

Poussé d'une fureur dont il n'est plus le maître,

Le violent bacha, de son glaive à l'instant

Le frappe, et tout sanglant à ses pieds il l'étend :

Il veut que l'on achève un si barbare outrage,

Action détestable et digne de sa rage.

Ainsi, percé de traits, sur le mont Calcara,

Périt ce Chevalier que l'Ordre entier pleura :

En lui, par une fin si triste et si cruelle,

Chacun perdit alors un compagnon fidelle,

Un ami tendre, un frère, un guerrier plein d'honneur,

Dont le noble refus atteste le grand cœur.

D'un si beau sacrifice éternisant la gloire,
Muse, ici de sa mort consacre la mémoire;
Dans tes vers à sa cendre élève un monument,
Digne de ses vertus et de son dévoûment.

FIN DU CHANT TROISIÈME.

LA MALTÉIDE.

CHANT QUATRIÈME.

SOMMAIRE.

Mustapha, à la tête de son armée, porte partout le fer et le feu. ——
Episode de Gusmar, habitant de l'île.——Son malheur.——Elise sa fille,
et Osmand son fils, courent les plus grands dangers.——Ils doivent leur
salut à un officier turc, Grec de naissance, et de l'illustre maison des
Lascaris. —— La foule ennemie précipite sa marche vers les retranche-
mens du général Copier. —— Efforts qu'elle fait pour s'en emparer. ——
Elle est repoussée avec une perte considérable. —— Prudence du grand-
maître Lavalette. —— Malgré ses succès, il dépêche aux bachas, généraux de l'armée ottomane, un Chevalier nommé Savoguère, homme
éloquent et intrépide, pour leur proposer une suspension d'armes. ——
Réponse dure et hautaine de Mustapha.——L'attaque des forts est décidée
dans le conseil de guerre que tiennent les bachas, etc.

CHANT QUATRIÈME.

Mustapha, dont le cœur se nourrit de vengeance,
Ne peut de son dépit dompter la violence ;
Il s'avançait dans l'île, où déjà la terreur
Courait loin devant lui publier sa fureur.
Partout il massacrait, partout, sur son passage,
Eclatait son courroux et triomphait sa rage.
Par son ordre on détruit, on brûle les hameaux.
Dans les champs dévastés, tout fuit, hommes, troupeaux.
Leur foule, en ces malheurs, par la crainte enhardie,
Court, se sauve à travers le meurtre et l'incendie.

Mais quel beau lieu, naguère asile du bonheur,
Est prêt à se changer en un séjour d'horreur ?
D'un vertueux mortel c'était l'humble retraite.
Là, content de son sort, dans une paix parfaite,
Après des jours de deuil, Gusmar, depuis long-tems,
Goûtait un doux repos au déclin de ses ans.
Heureux, il possédait, pour unique richesse,
Des champs, de frais enclos, charme de sa vieillesse.

Le soin de leur culture occupait ses loisirs ;
Et, dans leurs seuls tributs, se bornaient ses desirs.
Il vivait, loin du monde, en philosophe, en sage,
Qui de l'ambition contemple le naufrage.
Jadis un tendre hymen le combla de faveurs ;
Mais qu'il en connut peu le charme et les douceurs !
En frappant sa compagne, une Parque cruelle
Grava dans son esprit une peine éternelle :
Il savait l'adoucir au sein de ses enfans.
Une fille chérie, espoir de ses vieux ans ;
Un fils, dont l'amitié consolait son veuvage ;
Jeunes, brillans tous deux des grâces du bel âge,
A ses vœux accordés par un bienfait des cieux,
Furent de son hymen le gage précieux. ·
Chaque jour ajoutait un prix à la tendresse,
Dont son amour pour eux le pénétrait sans cesse :
De plaisirs et de joie ils remplissaient son cœur,
Plaisirs purs et réels, seuls faits pour le bonheur !
Comme lui, ses enfans, amans de la nature,
Des champs qu'il possédait, dirigeaient la culture.
D'une terre stérile enrichissant le fond,
Ils en avaient enfin rendu le sol fécond :
Ils devaient ce miracle à des mains étrangères,
A des soins, des efforts et longs et nécessaires.

Mais pour eux désormais quel séjour enchanté !
L'art semblait s'y cacher sous la simplicité :
Partout y prodiguant l'utile et l'agréable,
Il faisait de ces lieux un jardin délectable.
Mille fleurs, mille fruits y parfumaient les airs.
Là, croissaient à l'envi des arbres toujours verds :
On y voyait au loin, par un heureux mélange,
Se noircir le raisin où jaunissait l'orange.
De ces arbres courbés, de ces rians berceaux,
Les fruits les plus exquis décoraient les rameaux.
Sous leur voûte régnait une fraîcheur constante.
De l'amoureux Zéphir l'haleine caressante
Y venait rafraîchir et les fruits et les fleurs ;
Son souffle en ranimait l'éclat et les couleurs.
   C'était, dans ce séjour de paix et de délices,
Que des fourbes humains fuyant les artifices,
Cette famille, au sein d'utiles serviteurs,
De la tranquillité savourait les douceurs.
Tous les jours, matinale, Elise avec son frère,
Rendait un tendre hommage à son vertueux père.
Souvent de ce vieillard respectant le sommeil,
Tous deux dans leurs vergers attendaient son réveil :
Ils y cueillaient pour lui des fruits brillans encore
Des larmes qu'y versait la diligente aurore.

Que la nature ainsi leur présentait d'attraits !
Et qu'ils en admiraient les merveilleux effets !
Dans ses divins secrets ils cherchaient à descendre
Contens, ravis de ceux qu'ils pouvaient lui surprendre
Chaque instant variait leurs innocens plaisirs ;
Et le tems employé fuyait en doux loisirs.
Enfin, lorsque du jour venait l'heure brûlante,
De leurs berceaux touffus l'enceinte bienfaisante
Leur prodiguait une ombre, où de rians gazons
Etalaient leurs tapis dans toutes les saisons.
Le soir pour ces mortels n'avait pas moins de charmes
Avec quel intérêt, avant ces jours d'alarmes,
Ils allaient contempler l'imposant appareil
Et du ciel et des mers, au coucher du soleil !
    Ainsi, dans les plaisirs de cette solitude,
Coulaient en paix leurs jours exempts d'inquiétude,
Lorsqu'en foule conduit par le cruel Amour,
L'ennemi pénétra dans ce riant séjour.
Aussitôt la fureur y porte le ravage.
Tout est frappé, détruit par le fer et la rage :
On pille, on assassine.... Aidé de ses enfans,
Gusmar veut loin de là tourner ses pas tremblans.
Inutiles efforts!.. Soudain, ô sort funeste !
Tout prêts à lui ravir le souffle qui lui reste,

D'avides Musulmans, de furieux soldats
Arrachent sans pitié sa fille de ses bras.
Dans leur vénal espoir ils comptent sur ses charmes.
Ses prières, ses pleurs, son âge, ses alarmes,
Rien ne peut émouvoir ces cœurs désespérés,
Ces cœurs nourris de rage et de sang altérés.
Déjà même avec elle ils ont saisi son frère :
On les entraîne aux yeux de leur malheureux père.
Quel coup pour ce vieillard!... il ne les quitte pas,
Il brave le péril, court, s'attache à leurs pas;
D'une voix déchirante, il supplie, il conjure,
Au nom de sa vieillesse, au nom de la nature,
D'avoir pitié de lui; de rendre à ses vieux ans
L'appui, l'unique bien qu'il a dans ses enfans.
On est sourd à ses cris; il persiste, il menace,
Il mêle à ses discours une subite audace;
Et ses débiles mains contre les ravisseurs
Ne servent déjà plus que ses justes fureurs.
Le sentiment, l'amour soutiennent son courage,
Echauffent de leur feu les glaces de son âge.
Mais, ô cruel revers!... un lâche meurtrier
Le frappe d'u tranchant d'un homicide acier.
A ce coup, dont l'effort l'étend sur la poussière,
Ses yeux sont pour jamais fermés à la lumière.

Les flots de sang qu'il verse ont teint ses cheveux blancs.
Tel battu par l'Auster, brisé jusqu'en ses flancs,
Tombe un pin, dont le front, en perdant son feuillage,
Du tems qui tout détruit a ressenti l'outrage.

A l'aspect du vieillard, soudain le jeune Osmand
N'entend, ne voit, ne suit que son ressentiment.
Près de sa sœur, sans voix, tremblante, évanouie,
Il veut venger son père et lui donner sa vie.
Son désespoir l'emporte : il affronte la mort ;
Il fait dans son audace un incroyable effort,
S'échappe, et saisissant une arme meurtrière,
Prétend combattre seul toute une armée entière :
On l'arrête, il résiste... Alors, comble d'horreur !
Mille dards sont levés pour lui percer le cœur.
Contre lui tout s'acharne : une foule implacable
De son courroux triomphe, et le presse et l'accable.
Le fer allait trancher le fil de ses beaux jours...
Mais quel est ce guerrier qui vole à son secours ?
Au milieu des soldats il s'élance, s'écrie,
Commande aux plus mutins et retient leur furie ;
Il veut qu'avec sa sœur ce jeune infortuné,
Pour être son captif, lui soit abandonné :
On respecte son rang ; on cède à son instance,
Et les deux prisonniers sont mis en sa puissance.

Ce mortel bienfaisant, ce généreux guerrier,
Etait un jeune Grec, seul et digne héritier
Du nom des Lascaris, dont la famille illustre
Du trône d'Orient soutint le premier lustre.
Long-tems aux yeux des Grecs témoins de sa grandeur,
De son glorieux sang elle accrut la splendeur :
Elle régnait jadis dans la riche Bizance.
Lui, victime du sort, dès sa plus tendre enfance,
Enlevé dans Patras par de cruels vainqueurs,
Il alla des vaincus partager les malheurs.
Esclave dans un âge, où le poids de sa chaîne
Ne pouvait exciter son dépit ni sa haine ;
Où la timide enfance, au sortir du berceau,
Ne peut de la raison distinguer le flambeau,
Il suivit du Croissant la secte dominante,
Combattit dans l'armée, où sa valeur naissante
Se signala d'abord par de brillans exploits,
Et l'éleva bientôt jusqu'aux premiers emplois.
Mais depuis informé de sa haute origine,
Long-tems de sa famille il pleura la ruine.
Son cœur était sur-tout ému d'un sentiment
Qui l'embrasait du feu de son premier serment ;
Qui réclamait la foi qu'il promit à Dieu même,
Au moment qu'il reçut l'eau sainte du baptême.

Contre les Chevaliers il marchait à regret ;

Et pour eux son amour gémissait en secret.

Ce fut dans ces tourmens d'une ame généreuse,

Qu'il sauva son captif d'une fin rigoureuse ;

Qu'il arracha des mains de ses cruels soldats

Elise évanouie, immobile en ses bras :

Il adoucit son sort, il consola son frère ;

Et dans un protecteur il leur rendit un père.

Cependant, tel qu'un fleuve accru subitement,

Dévaste, franchit tout dans son débordement,

Telle au loin saccageant et palais et chaumière,

Se déployait des Turcs la foule meurtrière.

Des tourbillons de feu qui semaient la terreur,

De cette multitude annonçaient la fureur.

La désolation, les flammes, le carnage,

En tous lieux présentaient la plus affreuse image.

Quel spectacle ! on voyait de tristes habitans,

Des femmes, des vieillards, des mères, des enfans,

Se sauver, puis atteints, ou trahis par leur âge,

Dans leur fuite expirer sous les coups de la rage.

C'est ainsi que pressés par un loup ravisseur,

De timides agneaux qu'emporte la frayeur,

Précipitent leurs pas, se perdent, se dispersent,

Ou succombent enfin dans les champs qu'ils traversent.

En ce cruel désastre, au sein de tant d'excès,
Fuyaient désespérés les malheureux Maltais.
Mais Copier, dans son camp, déplorant leur misère,
Leur ouvre et donne à tous un abri salutaire.
De l'approche des Turcs il est par eux instruit.
Sa valeur s'en augmente : à ses yeux l'espoir luit ;
Et sa mâle énergie et sa fière assurance
Ont dans le cœur des siens accru la confiance.
Pleins d'une même ardeur, poussés d'un zèle égal,
A ce chef se sont joints Romégas et Guiral ;
Ils ont quitté le port qui devient inutile,
Ils se sont réunis sous l'un des forts de l'île.
L'aspect de ces mortels inspire à leurs soldats
Le mépris des dangers et l'amour des combats :
Ils ont tous à la crainte une ame impénétrable.

Au même instant, on vit un amas formidable
De guerriers, de chevaux, de traits éblouissans,
D'où partaient des éclairs sans cesse jaillissans.
C'était de Mustapha la redoutable armée,
Conduite par la rage et de meurtre affamée,
Dont les rangs qui suivaient les rangs plus avancés,
Ressemblaient à des flots l'un par l'autre pressés.
Cet or pompeux, ce fer, ces armes éclatantes,
Ces harnois, ces turbans, ces enseignes flottantes

Où se réfléchissaient les rayons du soleil,
Formaient un imposant et terrible appareil.
La soie unie à l'or, dans sa magnificence,
De cent chefs attestait la guerrière opulence.
Dans sa diversité brillaient mille couleurs.
Tels, après les frimas, dans la saison des fleurs,
Lorsqu'au sein des vergers ramenant les délices,
Pomone de ses fruits étale les prémices,
On voit, pour la moisson qu'ils semblent préparer,
D'un luxe printanier les arbres se parer.
De l'émail varié de leur cime fleurie,
Du soigneux laboureur s'enrichit la patrie ;
Et les champs, les vallons, les côteaux verdoyans
Sous ce nouvel éclat se montrent plus rians.

La foule tout-à-coup non loin du camp s'arrête.
C'est de-là que sur lui doit fondre la tempête ;
Et déjà Mustapha, d'un geste menaçant,
Agite, fait briller un fer resplendissant.
Dans l'espoir, dont son ame est en secret charmée,
Au carnage il dispose, et presse son armée :
Il parcourt tous les rangs, exhorte ses soldats
A signaler ce jour par d'horribles combats.
« Vaincre ou mourir, dit-il, est notre destinée !
« Soldats de Soliman ! qu'une audace obstinée

« Attaque des cruels jusque dans leurs abris;

« Et qu'ils soient écrasés par vous sous leurs débris!

« C'est là que nous appelle une illustre vengeance.

« De ces vils ravisseurs châtions l'insolence;

« Renversons, de nos mains, ces superbes remparts

« Dont en vain l'épaisseur les cache à vos regards ».

A ces mots, prononcés d'une voix redoutable,

L'armée a répondu par un cri formidable.

Soudain l'air retentit des tambours, des clairons,

Dont les échos frappés vont prolonger les sons.

Comme des murs, alors les Musulmans s'avancent.

La mort, la soif du sang, la fureur les devancent.

A la voix de leur chef, ils volent vers le camp.

La rage dans les cœurs redouble en l'attaquant.

Du sang des Chevaliers brûlant d'être assouvie,

Elle inspire à chacun le mépris de la vie.

Jusqu'au premier rempart les voilà parvenus!

Mais en vain par le nombre ils étaient soutenus.

Sans cesse un plomb mortel leur portait le ravage,

Augmentait le péril et l'horreur du carnage:

Aux feux que vomissait l'airain tonnant des forts,

Ils opposent pourtant les plus constans efforts.

Tous joignent à l'audace une fougue intrépide;

Tous n'ont en ce moment que la fureur pour guide.

Trois fois maîtres du camp, et trois fois repoussés,
Ils ont couvert ces lieux de morts et de blessés.
Leurs cadavres sanglans jonchaient au loin la terre.
Le chef et le soldat, l'aga, le janissaire,
Tous indistinctement par la foudre abattus,
Dans la foule des morts demeurent confondus.
  Ogli, brave Ottoman, succombe à la blessure,
Qu'en son flanc déchiré lui fait une main sûre :
Il est foulé lui-même aux pieds des combattans.
Hasphar, le fier Hasphar, à la fleur de ses ans,
Distingué par sa force et sur-tout par sa taille,
Reste percé de traits sur le champ de bataille.
Semblable, dans sa chute, au pin déraciné
Par un souffle orageux contre lui déchaîné,
Il cesse de lever son front avec audace,
Et de joindre à ses coups l'injure et la menace.
Orcan, atteint d'un fer qui lui perce le cœur,
Expire, et semble encor menacer son vainqueur.
Sur lui tombe soudain l'impétueux Alvarre,
Qui, par un coup du sort et poignant et bizarre,
Se relève, retombe, en pressant dans ses bras
Orcan, son ennemi, qu'il ne reconnaît pas :
Entre eux régna jadis une haine mortelle.
Divisés dès long-tems, la fortune cruelle

Les voulut réunir à leur dernier moment ;
Le Parque mit un terme à leur ressentiment.
Combien d'autres guerriers au tombeau les suivirent !
Tous, pleins d'un même zèle, en combattant périrent ;
Tous avaient assouvi leur terrible courroux,
Dans le sang des Maltais expirés sous leurs coups.

   Des Chrétiens cependant la valeur se signale ;
Et dans une défense à tant d'autres fatale,
Au milieu des hasards, nul chef, nul Chevalier
N'était encor tombé sous un fer meurtrier :
En vain la pâle mort, de sa faulx dévorante,
Frappait à leurs côtés une foule sanglante.
Le destin qui la guide à ses coups les soustrait ;
Mais ils l'osent braver. Le danger seul leur plaît :
Aucun d'eux qui n'y court, qui ne se sacrifie,
Qui, voisin du péril, cent fois ne le défie.
Jusqu'alors de vaillans et malheureux soldats
Etaient seuls descendus au séjour du trépas :
Ils sont bientôt suivis du généreux d'Elbène.
Dans l'épaisse mêlée, il pénétrait à peine,
Qu'à la tempe frappé du poids d'un plomb mortel,
Il cède à la rigueur de son destin cruel.
Jeune et sorti d'un sang honoré dans Florence,
Au mérite il joignait l'éclat de la naissance.

Mais que sa perte excite un furieux transport !
On s'acharne, on combat, on veut venger sa mort :
Au sein des bataillons qu'a rompus son courage,
Romégas le premier court s'ouvrir un passage ;
Il y fond comme un foudre à la tête des siens.
Une rage soudaine a saisi les Chrétiens.
Le trépas d'un guerrier, si cher à leur mémoire,
Semblait en leur faveur décider la victoire :
On fait, pour la fixer, d'impétueux efforts ;
Et la terre fumante est couverte de morts.

 L'assaut continuait. Mais dans sa résistance,
Copier montrait toujours une égale constance :
Et capitaine habile, et valeureux soldat,
On le voyait sans cesse au plus fort du combat.
Sa prudence partout dirige le courage.
La victoire le suit et devient son ouvrage.
La nuit qui le surprit en ce fatal moment,
Put seule mettre fin à tant d'acharnement.
D'un côté, quel dépit ! trahi par les ténèbres,
Mustapha, qu'illustraient des victoires célèbres,
Ne peut voir, sans frémir de honte et de douleur,
Dès le premier assaut échouer sa valeur.
Cependant, quel que soit l'obstacle qui l'arrête,
Il croit que c'est d'un jour différer sa conquête.

Pour Copier, ses soldats; pour les fiers Chevaliers,
Que de travaux encor! que d'assauts meurtriers!
D'ennemis, déjà prêts à réparer leur perte,
Autour de ses remparts leur île était couverte.
Mustapha, prévoyant, s'est emparé du port.
Résolu d'emporter, par un puissant effort,
Ce camp dont la défense en ses projets l'arrête,
Aux plus sanglans assauts dans sa rage il s'apprête.
Dragut, le brave Hascen se sont unis à lui.
Piali débarqué leur prête son appui.
Amis de Mustapha, mais rivaux de sa gloire,
Ils couraient partager l'honneur de la victoire :
Ils ont, pour l'assurer, et soigneux et prudens,
De leurs soldats au port conduit les plus ardens,
Guerriers prêts, au besoin, à chasser du rivage
Tout vaisseau qui voudrait y tenter l'abordage :
Ils veillent sans relâche : et du côté des mers,
L'armée est sous leur garde à l'abri des revers.
    Instruit de leurs projets, le sage Lavalette
Modère du soldat la valeur indiscrète.
Par son ordre, Copier est rentré dans les murs.
Ces remparts lui semblaient plus imposans, plus sûrs
Que l'obstacle d'un camp, inutile barrière
Contre l'affreux torrent d'une foule guerrière.

  A l'assaut préparé, ce mortel toutefois,
Qui de l'honneur jamais n'écouta que la voix,
Veut que la vérité se hâte de paraître,
Et lave les Chrétiens de l'attentat d'un traître.
Ce jour même, il prétend triompher de l'erreur
Qui d'un sultan nourrit l'implacable fureur ;
Et de ses Chevaliers exposant la conduite,
Les délivrer enfin d'une injuste poursuite.
Mais sur des cœurs aigris par le ressentiment
Que tenter, sans un prompt et sage dévoûment ?
Il fait choix d'un guerrier dont il connaît le zèle :
Il l'exhorte à marcher où le devoir l'appelle.
« Lui seul en ces momens, dit-il, doit commander. »
Ce mortel part : un Dieu prend soin de le guider :
Il dirige sa course, il soutient son courage,
Et veille sur ses jours dans un si saint message.
Bientôt ce Chevalier, suivi de deux soldats,
Eut vers les Musulmans précipité ses pas.
En touchant au péril, sa noble ardeur s'augmente :
Il arrive. L'aspect d'une garde imposante
Qui déjà le menace, et qu'il ose aborder,
Dans son empressement ne peut l'intimider :
Aux plus cruels hasards son grand cœur se résigne.
  Enfin de son drapeau l'on a compris le signe :

Et traversant le camp de ses fiers ennemis,

Il est par les bachas dans leur conseil admis.

Ces chefs, dont l'appareil et la magnificence

Annonçaient du sultan la suprême puissance,

En secret dévorés de la soif des succès,

Veillaient à méditer de belliqueux projets.

Au milieu d'eux paraît l'éloquent Savoguère.

Sur lui Mustapha lance un regard de colère ;

Et, d'un accent de voix, où se peint le courroux,

Il lui dit : « Quel motif t'amène parmi nous,

« Téméraire Chrétien ? Songe qu'ici ta vie

« Répond de ton audace et de ta perfidie,

« Parle. Sois sans détour et sans déguisement,

« Ou crains tout pour tes jours de mon ressentiment ».

Le Chevalier répond : «notre illustre grand-maître

« Ne vous adresse point un imposteur, un traître ;

« Seigneur, plus généreux, plus grand dans ses succès,

« Il vous envoie ici des paroles de paix.

« Vos pertes, nos dangers, tant de sanglans outrages ;

« Le massacre et les maux versés sur ces rivages,

« L'ont seuls déterminé, par un sublime honneur,

« A détruire en votre ame une fatale erreur.

« C'est elle qui vous arme, et contre nous anime,

« En faveur d'une amante, un prince magnanime.

« De vos esprits enfin modérez le courroux ;

« Ecoutez ce récit, bachas, et jugez-nous :

« Entre les mains d'Ismar, Elvire prisonnière

« Avait subi le joug d'une insolence altière ;

« Mais conduite en ces lieux par ses cruels vainqueurs,

« De tous nos Chevaliers elle attendrit les cœurs.

« Son nom, son infortune et son pieux voyage,

« L'amour de Soliman, l'honneur, tout les engage

« A sauver de ses fers, à rendre à son amant

« Celle dont nous plaignions nous-mêmes le tourment :

« Ismar en est instruit. Pour conserver sa proie,

« Au moment où la nuit sur l'onde se déploie,

« Il l'enlève, s'éloigne, et, dans l'obscurité,

« Trahit des Chevaliers la générosité.

« Loin d'eux, sur d'autres mers, ou sur quelqu'autre rive,

« Il est allé depuis dérober sa captive.

« Là, son amour l'aveugle ; et l'insensé sur nous,

« De votre bras vengeur a fait tomber les coups.

« Si pour vos ennemis la vérité vous touche,

« Elle seule, bachas, a parlé par ma bouche ;

« Ne la rejetez point : en fléchissant vos cœurs,

« Qu'elle mette à jamais un terme à nos fureurs.

« L'Ordre des Chevaliers, l'île entière demande

« Qu'entre vous, les Chrétiens, tout combat se suspende,

« Jusqu'au jour, où par vous le Sultan mieux instruit,

« Aura connu l'erreur dont il était séduit.

« Que s'il persiste encor dans ses projets sinistres,

« De son arrêt alors, redoutables ministres,

« Agissez, poursuivez, et livrez des assauts

« Qui vous pourront causer d'irréparables maux.

« Voilà ce que l'honneur par ma voix vous propose !

« Du sang de vos soldats que votre ordre dispose.

« J'attends votre réponse : en la faisant, guerriers !

« Ne nous réduisez point, malgré nous meurtriers,

« A la nécessité de faire un sacrifice,

« Triste fruit d'un refus dicté par l'injustice. »

Ce discours, dont le poids entraîne les esprits,

Tient les bachas d'abord et muets et surpris :

Hascen et Piali, malgré tout leur courage,

Et l'audace qu'en eux met la fougue de l'âge,

Prompts à se déclarer, dans un vif entretien,

Approuvent les motifs du généreux Chrétien.

Dragut et Mustapha sont d'un avis contraire :

Ils rejettent tous deux un conseil salutaire.

Dragut est le premier qui, d'un ton plein d'aigreur,

Oppose aux deux bachas sa gloire et sa valeur.

Dans le ressentiment dont son ame est saisie,

« Est-ce là, leur dit-il, cette haine endurcie ?

« Ce courroux si constant à maîtriser vos cœurs ?

« Cette soif de briller de l'éclat des vainqueurs ?

« Cédera-t-elle au vœu des tyrans de vos frères,

« Immortels ennemis de la loi de nos pères ?

« Point de trève avec eux. Qu'un assaut général

« A leur île aujourd'hui porte le coup fatal !

« Mustapha, prononcez. Si votre avis diffère,

« Laissez-moi, plus injuste, agir en téméraire.

« Quelque sort désormais qui me soit destiné,

« Ennemi des Chrétiens, à leur perte acharné,

« J'irai seul dans leurs forts les chercher, les combattre,

« Mourir, ou sous le glaive à vos yeux les abattre.»

« Quoi! répond Mustapha, quoi! l'on pourrait douter

« Du zèle qui m'anime et me fait redouter!

« On croirait que ce cœur, jusqu'alors inflexible,

« A de si vains discours se montrerait sensible !

« Céderait à des vœux par la crainte inspirés

« A des mortels de nous justement abhorrés !

« Non, non, point de repos. Que tout serve nos armes!

« Mustapha ne se plaît qu'au milieu des alarmes.

« S'il est ici des cœurs que l'on puisse attendrir,

« Laissons-les, plus humains, rechercher et chérir

« De nos persécuteurs l'amitié, l'alliance;

« Et devoir leur défaite à trop de confiance....

« Chrétien, ajouta-t-il, retourne sur tes pas,

« Si tu ne veux subir à l'instant le trépas ».

Les deux jeunes bachas, qu'un tel discours offense,

Compriment leur dépit dans un profond silence :

Toutefois leur courroux s'éveille à cet affront,

Et déjà la vengeance éclate sur leur front.

Mais Dragut les prévient : il sait avec adresse,

En flattant leur prudence, en louant leur sagesse,

Rejeter la rigueur d'un tel emportement

Sur l'indomptable effort de son ressentiment ;

Et sur-tout réparer des torts qu'il n'attribue

Qu'au zèle, dont l'excès trompa sa retenue.

Enfin des deux bachas il a calmé l'esprit :

On parle de combattre, et chacun y souscrit.

De Malte les destins sont décidés sur l'heure.

Mais incertain encor chacun des chefs demeure :

Il s'agit, au moment qu'ils vont tout disposer,

De savoir par quel fort l'assaut doit commencer.

Tous ne leur présentaient qu'un accès difficile,

Qu'une enceinte escarpée, impénétrable asile.

Mustapha, de qui l'âge autant que les exploits,

De son autorité semble accroître le poids,

Séduit par son espoir, se flatte de réduire

Ces forts, qu'avant dix jours il jure de détruire.

Alors ce cœur farouche expose les moyens
Trouvés par sa valeur pour perdre les Chrétiens :
Aux discours de ce chef tout le conseil défère ;
Et l'avis du vieillard est celui qu'il préfère.

FIN DU CHANT QUATRIÈME.

LA MALTÉIDE.

CHANT CINQUIÈME.

SOMMAIRE.

Le fort Saint-Elme est attaqué par l'artillerie formidable des Turcs. — Peinture de ce siége, et de l'extrémité où sont réduits les Chevaliers renfermés dans le fort. — Le grand-maître leur envoie un secours sous les ordres de Gonzalès et de Médran. — Moyens employés par l'Amour pour engager Mustapha à livrer un assaut nocturne aux assiégés. — Dangers de ces derniers, sauvés par la protection éclatante de l'Eternel. — Tentatives de Dragut pour pénétrer dans l'intérieur du fort. — Il est arrêté par les Chevaliers. — Sa retraite. — Perte faite par les Chrétiens d'un ravelin, ouvrage de fortification extérieur, qui était la plus forte défense des assiégés.

CHANT CINQUIÈME.

Des bachas obstinés la fatale réponse
A préparé les cœurs aux assauts qu'elle annonce.
Le grand-maître sur-tout, en secret irrité
Du refus outrageant fait à son député,
Se résout de chercher, au sein de ses murailles,
La victoire, ou du moins d'illustres funérailles.
  Cependant contre lui, torrent dévastateur,
S'avance l'ennemi poussé par la fureur ;
Et l'armée, à travers et le sable et la roche,
Des remparts menacés en longs circuits s'approche.
Mille ouvrages soudain, instrumens des assauts,
Contre les assiégés protègent ses travaux.
Mais déjà l'un des forts est investi par elle :
On attaque ses tours, on bat sa citadelle.
Leur masse altière, assise au sommet d'un rocher,
Dans ce terrible assaut, ressemblait au nocher,
Qui, sur l'onde surpris et pressé par l'orage,
A la fureur des flots oppose son courage,

En dépit de la vague, armé de tout son art,
Il n'abandonne point son salut au hasard ;
Et loin que le péril de nul effroi le glace,
Il affronte, il combat la mort qui le menace.

Tels paraissaient alors les Chrétiens assiégés.
Bravant tous les périls, par eux encouragés,
Chevaliers et soldats font une résistance,
Qui des fiers assiégeans étonne la constance.
Mais, c'est des deux côtés, en cet affreux moment,
Le même désespoir, le même acharnement.
Du front, du pied des murs, s'exhale un feu terrible :
Autour de ces remparts règne un tumulte horrible.
Des bronzes foudroyans, tonnerres monstrueux,
Bientôt semblent confondre et la terre et les cieux ;
Et, compagne du bruit qu'au loin ils font entendre,
Une épaisse vapeur court sur les flots s'étendre.

A l'ardeur de l'attaque, au plus puissant effort,
Commençaient à céder les murailles du fort :
En vain l'on résistait ; en vain, dans sa défense,
L'assiégé sur les murs épuisait sa vaillance.
Sans relâche excités par mille bras guerriers,
Contre le fort tonnaient des bronzes meurtriers.
Tous vomissaient l'effroi, le fer et la ruine.
De leur énorme tube, infernale machine,

Les globes assassins ébranlant les remparts .
Y répandaient la mort dans mille affreux hasards.
Là, tout ne présentait que volcans, que fumée,
Que salpêtre éclatant sous la mèche allumée.
Qu'on se peigne l'Etna , dans une obscure nuit,
Exhalant à la fois et la flamme et le bruit,
Arrachant des rochers de sa fournaise ardente,
Lançant au loin leur masse, et jetant l'épouvante ;
Qu'on se peigne, embrasant et foudroyant les cieux,
Les torrens élancés de ce gouffre de feux :
Et cette noble horreur sera la vive image
D'un siége où triomphait et la haine et la rage.
  Broglio cependant , sans un trouble secret,
Ne peut voir de l'assaut le redoutable effet.
Degarras , tel que lui, sans cesse infatigable,
Est tout prêt à céder aux coups dont on l'accable.
La mort qui sur ces murs moissonne les Chrétiens,
Le fait craindre long-tems pour le salut des siens.
Mais un reste d'espoir flatte encor son courage :
Il veut, en opposant dans un si long carnage ,
Le nombre et la valeur à des flots d'assiégeans,
Prévenir ou sa perte , ou des fers outrageans.
Brave, mais non moins sage, au grand-maître il s'adresse.
Un papier confident de toute sa détresse

Part, va dire d'un style énergique et pressant,
Le danger pour ses murs de plus en plus croissant.
   Mais, au gré de ses vœux, un prompt secours arrive.
Animés, transportés de l'ardeur la plus vive,
Français, Anglais, Germains, tous, soldats aguerris,
Courent vaincre ou mourir sur de sanglans débris.
Gonzalès et Médran, dignes d'être à leur tête,
Ont déjà de l'assaut affronté la tempête.
Avec eux l'espérance a ranimé les cœurs.
Le fort compte en son sein de puissans défenseurs,
Dont partout la présence aux assiégeans fatale,
Par mille et mille exploits sur les murs se signale.
C'est contre Piali qui les bravait en vain,
Qu'ils ont tourné le feu de leurs foudres d'airain :
Au centre de l'attaque, où sa fougue le guide,
Ce mortel tourmenté d'une soif intrépide,
A travers les hasards, au mépris du trépas,
Courait par son exemple exciter ses soldats.
Mais d'un roc foudroyé par une arme guerrière
L'éclat prompt et fatal l'étend sur la poussière :
On l'emporte. Le bruit d'un tel événement
Parmi les bataillons vole rapidement.
On pleure l'amiral ; l'attaque est ralentie :
On s'effraie, et Médran hasarde une sortie.

Soudain, à la faveur des feux continuels
Vomis du haut des forts par des bronzes mortels,
Jusque dans la tranchée, il parvient, il s'élance,
Fond sur les Ottomans surpris et sans défense,
Profite de leur trouble, et renverse à ses pieds
Chefs, soldats à la fois, par lui sacrifiés.

Torreglias soutient ce mortel plein d'audace.
Fier émule, en valeur lui-même il se surpasse.
Excités par ce chef, de furieux guerriers
Pressent les flancs poudreux de leurs bouillans coursiers.
Dans leur emportement, dans leur essor rapide,
Ils font pleuvoir la mort de leur bras homicide :
Ils protègent Médran qui, dans ce choc heureux,
Se montre à l'ennemi non moins impétueux.
De tout ce qu'il rencontre alors sur son passage
Il fait, suivi des siens, un terrible carnage :
Tout a fui devant lui. Mais, d'un si grand danger,
Dragut et Mustapha prompts à se dégager,
Courent, joignant l'exemple aux plaintes, aux prières,
Rallier à grands pas leurs phalanges guerrières.
Leur voix a tout-à-coup transporté les soldats ;
Et tous pleins de fureur revolent aux combats.
Médran ne cède point. Son obstiné courage
Et s'accroît et résiste aux efforts de la rage :

Inférieur en nombre, il se fait avec art
Des travaux ennemis un puissant boulevart,
Et là, jusqu'à la nuit, sa prudence aguerrie
D'un peuple d'assiégeans maîtrisa la furie.

L'ombre qui sépara ces cruels combattans,
Suspendit jusqu'au jour des périls si constans :
Au sein de ses remparts Médran fait sa retraite.
Sa valeur n'est encor qu'à demi satisfaite.
Ce jour même, il voudrait, au prix de tout son sang,
Du dernier adversaire avoir percé le flanc.
Cependant on s'empresse, on court sur son passage.
Mais tandis qu'à grands cris on vante son courage,
Que de regrets donnés à ceux qu'il a perdus !
Tant de braves soldats au tombeau descendus,
Des Chevaliers rivaux et compagnons célèbres,
Ont reçu des lauriers pour des cyprès funèbres.
Tous, au champ de l'honneur, ont affronté la mort,
Et tous ils l'ont subie, en bénissant leur sort.
Ceux qu'un Dieu protecteur, arbitre des batailles,
A ramenés vivans au sein de leurs murailles,
D'un cœur pieux, pour prix de ses sacrés bienfaits,
A ce Dieu tout-puissant vont offrir leurs succès ;
Et pressés par la faim qui commande à leur zèle,
Prendre dans un repas une vigueur nouvelle.

Dédaignant des festins l'appareil somptueux,
Ils ont choisi des mets simples, mais généreux,
Dont chacun, du besoin esclave tributaire,
A soudain ressenti la vertu salutaire.
Un doux sommeil enfin, présent heureux des cieux,
Vient sur eux épancher son baume précieux.
Tous cèdent à Morphée ; et dans la forteresse,
Veille des Chevaliers l'intrépide jeunesse.

    Ainsi que ces mortels, non loin d'eux, l'ennemi
Dans un calme profond reposait endormi.
Du soldat fatigué la vigueur se répare.
Mais les prochains travaux que le sort lui prépare,
Prolongent dans la nuit les entretiens secrets
Des bachas, l'ame en proie à de vastes projets.
De l'assaut qui doit suivre on parle, on délibère.
La fortune sans cesse à leurs armes contraire ;
Tant de revers pour eux tous les jours renaissans,
Agitent ces mortels des soins les plus pressans.
Enfin de leur esprit chassant l'incertitude,
Dragut sait mettre un terme à leur inquiétude.
De leur zèle il soutient, il ranime l'ardeur :
Hascen sur ces conseils a réglé sa valeur.
Hardi, prudent, mais prompt, il joint à son courage
Et le calme des sens et la fougue de l'âge.

Mustapha, plus cruel et non moins violent,
Frémit que sa vengeance ait un effet si lent.

   Cependant ces mortels ont revu, dans sa tente,
Piali dont le mal a trompé leur attente.
Des prompts secours de l'art ils espéraient en vain
Un miracle au-dessus de tout pouvoir humain.
Pour calmer sa douleur et fermer sa blessure,
Il fallut qu'à son sort compâtît la Nature.
Par l'Amour invoquée, à peine a-t-elle appris
Les dangers d'un héros protégé par son fils,
Qu'elle veut que Zéphire aille, d'un vol agile,
Porter son assistance à ce guerrier débile.
Il obéit, s'éloigne et court fendre les airs ;
Il a déjà franchi le vaste champ des mers :
Il descend sur des monts, et semblable à l'abeille
Qui va pillant le thym et la rose vermeille,
Il parcourt leurs sommets, où mille végétaux
Offrent pour les humains leurs précieux rameaux.
De leurs sucs il compose un baume salutaire,
Qu'il porte où le conduit son pieux ministère.

   Il s'élance vers Malte, et dans le camp soudain
Tout ressent les bienfaits de son souffle divin.
La fraîcheur qu'il répand au loin sur son passage,
A redonné la force au soldat qu'il soulage.

Mais qui n'admira point les effets merveilleux
Que fit sur l'amiral cet envoyé des cieux?
Dans sa tente il pénètre ; et tandis que le zèle
Sur lui guide une main et savante et fidèle,
Il verse dans sa plaie une douce liqueur
Qui réveille ses sens, et leur rend la vigueur.
D'un reste de douleur elle a vaincu l'atteinte,
Et ranimé le feu de sa chaleur éteinte.
Bientôt l'ardent bacha, sans pénibles efforts
Se lève, et de ses pieds fait mouvoir les ressorts.
La joie à cet aspect dans tous les cœurs éclate.
Satisfaits, et cédant à l'espoir qui les flatte,
Ses amis, dont Morphée appesantit les yeux,
En vont aussi goûter le charme impérieux.

Des Chrétiens cependant l'ennemi redoutable
Court sur eux assouvir son courroux implacable.
C'était le traître Amour, par la haine conduit
Vers des antres où règne une éternelle nuit :
A l'aide d'un flambeau qui dans l'ombre l'éclaire,
Il arrive en un lieu sauvage et solitaire,
Où, d'un monstre odieux à la face du jour
Habite de tout tems la ténébreuse cour.

A droite, l'on y voit la coupable Injustice,
Du crime qui la paie ordinaire complice.

Dans ses mains brille un riche et perfide métal.
L'aspect de l'or peut seul flatter son cœur vénal.
Sourde aux cris du malheur, d'une ame impitoyable,
Elle foule à ses pieds l'équité qu'elle accable.
A gauche est la Discorde, aux reptiles sifflans.
Dans ses traits, dans ses yeux de feux étincelans,
On lit ses noirs desseins; on voit l'affreux orage
Qu'en son cœur elle excite et qu'entretient sa rage.
Ses cheveux sur son front demeurent hérissés.
De vipères sans cesse ils sont entrelacés;
Et sous un poil épais, d'horribles étincelles,
Comme un feu destructeur, sortent de ses prunelles.
Autour d'elle on entend les sifflemens affreux
Qu'exhalent de son sein les serpens venimeux.
Son œil est égaré, sa bouche est écumante,
Et dans sa main toujours brille une torche ardente.
  Non loin, s'offre l'Envie au visage hagard.
Le dépit, la colère éclate en son regard;
Et ses yeux enfoncés, son teint pâle et livide
Attestent de son cœur le desir homicide.
Le fiel qui la consume, alors qu'il la nourrit,
Sans cesse renaissant, et la charme et l'aigrit.
La nuit, le jour, partout, sa fureur envieuse
A perdre les humains se montre ingénieuse.

Près d'elle sont les soins, les chagrins, les remords,
Qui font à leur victime éprouver mille morts.
Plus loin, on aperçoit les honteux artifices,
Les complots, dont le crime emprunte les services,
Les lâches trahisons, les dépits dévorans,
Les soupçons, la terreur, ministres des tyrans,
Et la fraude et l'audace, et les haines farouches,
Dont rien ne peut fermer les yeux caves et louches.

    Là, règne la Vengeance, au geste menaçant.
Sa main tient un poignard toujours rougi de sang :
Elle agite ce fer, en cherchant la victime
Que demande à son bras et la rage et le crime :
Elle ne connaît point les douceurs du repos.
Sur elle en vain Morphée épuise ses pavots :
Elle attend, nuit et jour, dans un affreux silence,
Le moment de punir la plus légère offense.
Son corps maigre et hideux, miné par la fureur,
Inspire, en se mouvant, une secrète horreur.
La soif du sang humain sans cesse la tourmente,
Et, loin de s'étancher, en le versant, s'augmente.

    « O vous ! Reine des cœurs, lui dit en l'abordant,
« L'Amour, plein de dépit et de courroux ardent :
« Suivez-moi ; loin d'ici, venez dans le carnage,
« Nous venger, et punir le plus sanglant outrage ;

« Écrasons les Chrétiens : il faut les perdre tous,
« En dirigeant contre eux d'inévitables coups. »
La Vengeance obéit. Bientôt, d'un vol rapide,
Ce monstre dans le camp arrive et suit son guide.
La nuit régnait encor. Calmes, silencieux,
Près du chef de l'armée ils pénètrent tous deux.
Vaincu par le sommeil, dans ses bras salutaires,
Ce mortel oubliait vingt projets téméraires.
Aussitôt la Vengeance, ourdissant son dessein,
Se glisse à ses côtés, se couche sur son sein ;
Puis, de ses bras hideux, et le presse et l'éveille,
Tandis qu'Amour s'approche et lui dit à l'oreille :
« Quittez, bacha, quittez un perfide repos ;
« Courez, malgré la nuit, reprendre vos travaux.
« C'est à ce prix qu'il faut acheter la victoire ;
« Surmontez le sommeil, et volez à la gloire :
« Allez. Que les Chrétiens assoupis dans leur fort,
« Pour réveil, sous vos coups, ne trouvent que la mort
Il dit, et Mustapha qu'obsède la Vengeance,
De toutes ses fureurs ressent la violence.
Ce monstre dans son cœur versant un noir venin,
Y distille et sa rage et son fiel assassin.

　　L'ardent vieillard se lève : il part, il va lui-même
Porter à ses soldats sa volonté suprême.

Son ordre à tous les cœurs commande le réveil :
A sa voix, non sans peine, on s'arrache au sommeil
Avec quelque regret d'abord qu'on s'y résigne ;
De son valeureux chef chacun se montre digne .
On s'arme, on se rassemble ; on a volé soudain
Où Mustapha médite un assaut clandestin.
L'ombre s'était accrue : impénétrables voiles,
Des nuages au loin dérobaient les étoiles ;
Et prompt à succéder aux fatigues du jour,
Morphée avait prêté ses pavots à l'Amour.
Tout, et la garde même, éparse et sans défense,
Malgré soi du sommeil éprouvait la puissance.
A la faveur enfin de la plus sombre nuit,
Des bronzes, disposés sans tumulte et sans bruit,
Ont reçu dans leurs flancs des matières mortelles
Qu'embrase et fait jaillir un feu complice d'elles.
Affreux volcans alors tournés vers les remparts,
D'homicides mortiers vomissent les hasards ;
Ils tonnent, et loin d'eux une masse guerrière
S'élève, et trace en l'air un long trait de lumière.
De ce perfide éclat, du meurtre avant-coureur,
Apparaît dans les cieux la magnifique horreur.
Mais la bombe, en tombant du haut de l'éthérée,
Fait passage à la mort dans ses flancs resserrée.

Excité par la main d'un infernal démon,
Le salpêtre s'enflamme et brise sa prison :
En éclats foudroyans, il lance, il multiplie
L'horreur et le trépas, enfans de sa furie.

Mais le Dieu des Chrétiens, en ce danger pressant,
De sa demeure sainte, à leur secours descend.
Son éternelle voix qui commande aux orages,
Dans les airs tout-à-coup rassemble les nuages.
Les vents sont déchaînés : des plus impétueux
Le souffle en tourbillons s'élance, fond des cieux,
Et pousse avec effort, dans les ondes voisines,
Ces bombes, de l'enfer effroyables machines.
Dans l'abîme des mers qui les engloutissait,
Sous leur masse à grand bruit l'onde au loin jaillissait :
A tout moment, frappé de leur chute rapide,
Retentissait le sein de l'élément liquide.

Cependant pour remplir son nocturne dessein,
Mustapha vers les murs s'est ouvert un chemin :
Il eût, à la faveur d'une lâche surprise,
Couronné du succès sa fatale entreprise :
Mais au cruel, soudain s'oppose l'Éternel,
Et d'effroi devant lui recule ce mortel.
Dieu paraît. Sous ses pieds, avec respect s'abaisse
Un nuage éclatant de pourpre et de richesse,

Tandis qu'autour de lui brille un torrent d'éclairs
A longs traits épandus jusqu'au plus hauts des airs.
Son front touchait au ciel et ses pieds à la terre :
« Arrête, cria-t-il, d'une voix de tonnerre,
« Chef téméraire, arrête : ou toi, tous tes soldats,
« Serez précipités dans la nuit du trépas. »
Tout a fui.... Dans le trouble où se sauve l'armée,
L'épouvante long-tems ne peut être calmée.
L'Ottoman, à grands cris, implore Mahomet
Et l'invincible Dieu dont la voix le soumet.

    Qui des Chrétiens alors pourrait dire la crainte ?
Le trouble et la terreur régnaient dans leur enceinte ;
Mais, par l'heureux pouvoir qui dompta l'ennemi,
Leur courage ébranlé fut soudain raffermi.
Toutefois, sur les murs, les Chevaliers en armes
Veillent à prévenir de nouvelles alarmes ;
Et les Turcs, au repos dans leurs tentes rendus,
Calment jusques au jour leurs esprits éperdus.

    Mais la nuit eut bientôt terminé sa carrière.
L'étoile du matin ramenait la lumière ;
Et l'Aurore, sortant des bras du vieux Titon,
Des roses de son teint colorait l'horizon.
Déjà, de ses rayons, dépassant les montagnes,
L'astre brillant du jour ranimait les campagnes.

Alors, au lieu du son des rustiques pipeaux,

Des chansons du berger, du concert des oiseaux,

Dits et redits naguère aux échos du rivage,

On n'entend qu'un fracas de tumulte et de rage.

L'airain tonne ; et soudain l'assaut recommencé,

Par d'horribles clameurs est au fort annoncé.

Le jour aux assiégeans avait rendu l'audace ;

Et comptant réparer sa nocturne disgrâce,

Pour exciter les cœurs, Mustapha leur promet,

Auprès de l'Éternel l'appui de Mahomet :

Il joint à ses discours une altière assurance,

Donne l'exemple à tous, à leur tête s'avance,

Et droit au pied des murs, à travers mille feux,

De ses ardens soldats conduit les flots poudreux.

Jusque sur les débris, une foule pressée,

A flots impétueux, déjà s'est élancée.

Le fer, le feu, la mort, pleuvent sur les remparts.

Le carnage et l'horreur règnent de toutes parts ;

Mais si le Musulman signale sa vaillance,

Avec non moins d'ardeur, non moins de violence,

Le Chrétien soutenu d'un pouvoir triomphant,

Contre tant d'ennemis combat et se défend.

   Dans ces rudes travaux, Dragut que rien n'arrête,

Toujours prêt à braver l'effort de la tempête,

Attentif, prompt sur-tout à former un dessein,
Jusqu'au centre du fort veut s'ouvrir un chemin.
Un intrépide chef dans l'assaut le remplace ;
Et lui-même, inspiré, conduit par son audace,
De ses Algériens au combat acharnés
Il court soudain choisir les plus déterminés :
A le suivre ils sont prêts. L'espoir sur son visage
Brille, et semble être à tous le plus heureux présage.
« Mes amis, leur dit-il, jouets d'un cruel sort,
« Faudra-t-il, sans nul fruit, braver ici la mort?
« Confondre dans la foule et votre ardent courage,
« Et l'honneur d'un assaut qu'avec nous on partage?
« Ah! plutôt attestons que le fer, par nos mains,
« Peut seul en ces hasards triompher des destins.
« Suivez-moi; je prétends, en nous couvrant de gloire,
« Vous frayer un chemin qui mène à la victoire.
« C'est au sein de ces murs, des assiégés surpris,
« Que de si longs travaux nous recevrons le prix.
« Soldats! perçons le flanc de ces roches altières ;
« Que le hoyau, le pic, arme nos mains guerrières!
« Ce n'est qu'à la faveur d'un ténébreux sentier,
« Qu'on peut sur ces remparts cueillir un beau laurier».
    Ce discours qui commande à tous la confiance,
Excite et leur audace et leur impatience.

C'est à qui des soldats s'armera le premier
D'un fer prompt à servir leur zèle meurtrier :
A la voix de son chef, la troupe infatigable
Attaque des remparts l'assiette formidable.
Les feux d'un ciel brûlant ne les arrêtent pas.
Sous un mordant acier, ministre de leur bras,
Ils font céder le roc à leur bouillant courage,
Et jusque sous les murs ils s'ouvrent un passage.
Les voilà déjà près d'un vaste souterrain ,
Où l'art à la fureur s'oppose et met un frein ;
Lieu, par lui consacré pour éventer la mine ,
Lieu, sauvé dans ce jour par une main divine.

　　Des Chrétiens cependant un puissant protecteur,
Envoyé du Très-Haut, céleste bienfaiteur,
En secret descendu dans la cité notable ,
Se manifeste aux yeux de leur chef vénérable :
« Ami de Dieu, dit-il, qui m'adresse vers vous,
« Songez à vous sauver, à prévenir les coups
« D'un ennemi caché, dont la secrète audace
« Du plus grand des périls ici-bas vous menace.
« A l'aide de travaux et de chemins obscurs,
« Sous vos pieds il s'avance et pénètre en ces murs :
« Il a surpris des forts la voûte souterraine ,
« Et jusqu'à vous se fraie une route certaine ».

Il dit et disparaît. D'un tel avis troublé,
Lavalette aux Chrétiens l'eut bientôt révélé.
Dans le cœur des soldats l'alarme est répandue.
Chacun pleure du fort la perte inattendue.
Sans secours que celui des esprits consternés,
Qu'opposer à des flots d'ennemis acharnés ?
Contre eux tout semble vain ; on est dans le silence,
Et nul n'ose d'abord songer à sa défense.
    Mais l'exemple du chef, en de telles terreurs,
A fait taire la crainte, a rassuré les cœurs.
L'espérance renaît. Déjà même une armée,
Avide de périls, de valeur enflammée,
Au fond du souterrain précipite ses pas,
Se dévoue, et s'apprête aux plus sanglans combats.
La lueur des flambeaux en ce moment l'éclaire ;
Et là, dans un silence et sage et nécessaire,
Elle attend l'ennemi, dont les bras vigoureux
S'efforcent d'ébranler la voûte de ces lieux.
A l'épaisseur des murs, trop faible résistance,
En vain le dur ciment prête son assistance.
Le roc cède à l'acier, s'écroule avec fracas,
Et livre son enceinte aux horreurs du trépas ;
Il succombe à l'assaut, tel qu'un chêne à l'orage :
On s'y jette, on s'acharne, on se fait un passage.

On s'élance à l'envi dans ce lieu ténébreux,
Où la mort a déjà porté son vol affreux.

Enfin l'ardent bacha comme un trait y pénètre.
Soudain, étrange effroi qu'en son cœur il sent naître !
Surpris croyant surprendre, il tombe lui, les siens
Dans les cruels hasards qu'il portait aux Chrétiens :
On l'attaque, on le presse, on veut avoir sa vie.
La fureur dans son sang brûle d'être assouvie.
C'est à qui l'atteindra, l'enverra chez les morts.
Ses fiers Algériens le couvrent de leur corps :
Et pour lui, contre lui, s'augmente encor la rage,
S'accroît le désespoir, s'échauffe le carnage.
Au milieu de la nuit, dans ce lieu resserré,
Tout cherche, tout affronte un péril assuré ;
Tout présente le meurtre et ses noires alarmes.
Les cris des combattans, le cliquetis des armes,
Le choc bruyant d'un fer sans cesse se heurtant,
Qui se mêle, se croise, et frappe à tout instant ;
Tant d'effroyables sons, que prolonge et redouble
L'écho retentissant du fracas d'un tel trouble,
Annonçaient, au-dehors, avec quelle fureur
Luttait de part et d'autre une égale valeur.

Mais bientôt les Chrétiens, dont l'étonnant courage
A pour eux jusqu'alors soutenu l'avantage,

Par des efforts accrus, des coups impétueux,
Forcent des Musulmans les flots tumultueux.
Dragut résiste encor. Ce chef que rien n'étonne,
Qui semble défier la mort qui l'environne,
Par ses cris, son exemple, arrête ses soldats;
Et rassurant leur ame, et ranimant leurs bras,
Au plus fort des périls, où se plaît son audace,
Court, tout en se vengeant, réparer sa disgrâce.
Mais que ce fier courage y trouve de travaux!
Et quel front il oppose à des revers nouveaux!
Il combat en héros, dont la mâle assurance
Des siens, dans le malheur, relève l'espérance.
Enfin, Dragut forcé de céder au destin,
Songe à se dégager du fatal souterrain:
Il ne fuit pas; mais tel qu'un lion redoutable,
Que la fatigue épuise et que le nombre accable,
A l'aspect du péril qu'il voudrait éviter,
Va donnant le trépas à qui l'ose arrêter,
Tel le Bacha s'éloigne, en signalant encore
Un dépit, un maintien, un courroux qui l'honore.

   A la brèche il revole : intrépide assaillant,
Il paraît; et l'assaut en devient plus sanglant.
Près de lui, Mustapha qu'excite sa présence,
Attestait de son cœur l'avide impatience:

Il frémissait qu'un fort, qu'il brûlait d'emporter,
Avec tant de constance ait pu lui résister.
Mais le sort de Dragut flattait son ame altière :
En secret satisfait qu'une audace guerrière
Eût en vain conseillé cet intrépide cœur,
Pour rehausser l'exploit où prétend sa fureur,
Il est plein de l'espoir d'assouvir sa vengeance ;
Et d'un brillant succès il s'applaudit d'avance.
Cependant, sur les murs, son glorieux rival
En courage long-tems à lui se montre égal ;
Il veut, loin de tenter une indigne retraite,
Et réparer sa perte, et venger sa défaite.
Son devoir seul l'anime : un motif si puissant
L'enflamme pour sa gloire et l'honneur du Croissant.

    Hascen s'est joint à lui. Digne émule, il partage
Son mépris du trépas, son calme dans l'orage.
Compagnon de Dragut, il en a la valeur.
Son âge la soutient de toute sa vigueur.
Jeune, mais à l'audace alliant la sagesse ;
Sévère avec raison, indulgent sans faiblesse,
Il sait aux Musulmans qui marchent sous ses lois,
Commander et la crainte et l'amour à la fois :
Avec quel front lui-même il combat à leur tête !
Le plus grand des périls, la mort, rien ne l'arrête.

Comme lui, chefs, soldats, en ce fatal moment,
Prouvent la même ardeur, le même acharnement.
  Cependant Piali, dont l'atteinte sanglante
A tenu sa valeur captive dans sa tente,
Honteux, impatient, rougit de son repos,
Et prétend partager de si brillans travaux.
Dans ce noble desir, aidé de sa jeunesse,
Son corps a recouvré sa force et sa souplesse :
Il part, il est déjà parmi les assaillans.
Pour eux quelle surprise! ils en sont plus bouillans :
A l'aspect d'un mortel, que la fureur des armes
Ramène, faible encor, jette au sein des alarmes,
Il n'est rien désormais qui les puisse arrêter,
Point d'efforts, de hasards qu'ils ne veuillent tenter.
Ainsi l'ardent limier qu'un long repos fatigue,
Part, vole, disparaît, de sa valeur prodigue,
Et portant l'épouvante au plus lointain vallon,
Excite des chasseurs le rapide escadron.
  L'aspect de l'amiral, son intrépide audace,
Celle de Mustapha que nul guerrier n'efface ;
L'exemple de Dragut, d'Hascen, de tous les siens
Tient la foule acharnée à perdre les Chrétiens.
La victoire est dès-lors aux assiégeans promise ;
Un invisible esprit soudain les favorise.

Zéphire, accompagné des perfides Autans,
De son souffle trahit l'effort des résistans :   .
Il pousse vers le fort une épaisse fumée
Qui dérobe aux Chrétiens l'approche de l'armée.
Chefs, soldats, tout s'avance ; et tandis que pour eux
Les vents sur les remparts roulent des flots poudreux,
Des appuis sont dressés contre la forteresse,
Où chacun de gravir en tumulte s'empresse :
On s'élève à leur aide ; et jusqu'au ravelin
On parvient, on pénètre, on s'affermit enfin.

Le fort eût succombé, sans une main divine
Qui secourut ses murs si près de leur ruine.
L'Eternel, dont la voix commande aux élémens,
En faveur des Chrétiens a réprimé les vents :
Il retient leur haleine, et dans la citadelle,
Donne à ses Chevaliers une force nouvelle.
Chaque mur est par eux constamment défendu :
Mais où les a réduits celui qu'ils ont perdu ;
Ce fatal ravelin, d'où, la foule enhardie
Bat le fort qu'elle attaque avec plus de furie ?
Ils se sont résignés à leur sanglant destin,
Et tous n'attendent plus qu'une honorable fin.

FIN DU CHANT CINQUIÈME.

LA MALTÉIDE.

CHANT SIXIÈME.

SOMMAIRE.

Pendant le siége du fort Saint-Elme, Soliman cherche Elvire sur les mers. —— Ismar, son ravisseur, l'avait emmenée dans une île déserte et sauvage. — Peinture de cette île. — Soliman y débarque. —— Spectacle qu'il y voit. —— Catastrophe déchirante d'Elvire. —— Le sultan est plongé dans la plus vive douleur. ——Mahomet lui apparaît en songe : il l'exhorte à surmonter ses chagrins, et à se rendre devant Malte pour en presser le siége, etc. etc.

CHANT SIXIÈME.

Cependant, loin de Malte, et toujours dans l'attente,
Voguait de Soliman la flotte menaçante.
Ce mortel, l'ame en proie à sa juste fureur,
De son Elvire encor cherchait le ravisseur.
Victime de l'espoir où son amour se fonde ;
Du poids de ses vaisseaux, las de fatiguer l'onde,
Il accusait le ciel et la terre et les eaux
De lui soustraire Elvire et l'auteur de ses maux.
　　C'était au fond d'une île et déserte et sauvage,
Que le cruel Ismar lui cachait son outrage.
Ce lieu favorisait ses coupables desseins :
Un ombrage touffu, des antres souterrains ;
Des rochers, dont la cîme allait toucher la nue ;
Des abîmes, des monts, d'une vaste étendue,
Tout, dans ce solitaire et lugubre séjour,
Se prêtait aux larcins d'un criminel amour :
Un bruit sourd en tout tems au loin s'y fait entendre.
L'horreur semble y régner. Jamais une voix tendre

N'y charma les échos par d'agréables sons.

Le berger n'y vient pas fredonner ses chansons.

Des torrens écumeux qui, de leurs flots rapides,

Battent avec fracas des rocs, des monts arides,

Troublent seuls le repos de ces sombres déserts,

Qui n'ont que la tempête et les vents pour concerts.

     Quel séjour pour Elvire!.... ô triste destinée!

D'écueils de toutes parts elle est environnée;

Et de tous les mortels le plus vil à ses yeux

Est le seul qui la suive en ces funestes lieux.

Ce coup du sort l'accable : en sa douleur amère,

Elle pleure un amant, un époux, une mère.

Leur tendre souvenir ajoute à son tourment:

Il est de ses regrets l'éternel aliment.

Sa funeste langueur; l'horreur continuelle

Qui règne, qui s'accroît, qui s'étend autour d'elle,

Au fond de ces déserts lui montrent son tombeau,

Et dans le fier Ismar son plus cruel bourreau :

Il la tenait captive en ce lieu solitaire.

D'abord, amant soumis, attentif à lui plaire,

De gages d'amitié, d'égards respectueux,

Il avait constamment accompagné ses feux;

Mais enfin, quand au lieu d'une amante sensible,

Dans Elvire il ne vit qu'une femme inflexible,

Il cessa d'opposer à ses constans refus
Le sentiment, l'honneur et des soins superflus :
Il devint emporté, superbe et téméraire.
Bientôt n'écoutant plus qu'une indigne colère,
Que l'odieux dépit d'un espoir abusé,
Il se livre aux transports d'un amour insensé.
Tantôt, auprès d'Elvire, il supplie, il menace ;
Tantôt, c'est un lion qu'irrite son audace :
Il s'agite, il frémit, et dans son désespoir,
Fuit, revient, veut encor tenter de l'émouvoir ;
Mais Elvire, fidèle au Sultan qui l'adore,
Rejette avec dédain un tyran qu'elle abhorre.

D'Ismar le trouble alors à son comble est porté :
Il s'éloigne, il parcourt, d'un pas précipité,
Les bois, les monts altiers, dont cette île est couverte ;
D'Elvire et de lui-même il médite la perte,
Il la jure ; et déjà, dans son emportement,
Il revole à l'objet de son égarement :
A peine il l'aperçoit, qu'aussitôt il oublie
Sa résolution, le serment qui le lie ;
Il vient prier Elvire, il vient dans ses mépris,
Alimenter sa rage, irriter ses esprits.
Chaque jour ramenait ces scènes alarmantes,
Ces plaintes, ces fureurs, sans cesse renaissantes ;

Et le farouche Ismar, dans ce désordre affreux,
Fut long-tems consumé de l'ardeur de ses feux.
   Confus, mais plus terrible en perdant l'espérance,
Les yeux étincelans d'amour et de vengeance,
Il court tenter encor l'inflexible beauté,
Pour qui son cœur brûlait avec tant d'âpreté :
Elle versait des pleurs, gages de sa tendresse,
Et de vains souvenirs nourrissait sa tristesse :
Elle se rappelait tant de momens heureux
Coulés près d'un monarque et grand et généreux;
Ces secrets entretiens, épanchemens de l'ame,
Où d'un parfait amour étincelait la flamme.
Alors son cœur s'épuise en regrets superflus ;
Elle a présent toujours un bonheur qui n'est plus.
Étrange changement !.... En de telles alarmes,
Quels temoins désormais a-t-elle de ses charmes?
Un tyran, dont l'aspect la plonge dans le deuil !
Des rochers, des déserts devenus son cercueil !
Des traits les plus perçans elle était déchirée,
Sur-tout, quand le tableau d'une mère expirée
Venait, en redoublant sa mortelle douleur,
Sur elle appesantir le fardeau du malheur.
Dans ces tristes pensers tout espoir l'abandonne.
L'abîme est sous ses pieds, et l'horreur l'environne.

Comme un bienfait, sa bouche invoquait le trépas.
Ce fut en ces tourmens, que brillante d'appas,
Que parcourant des yeux ce séjour effroyable,
Elle revit l'auteur de son sort déplorable.

Furieux, il l'aborde et tombe à ses genoux.
Son désordre annonçait un violent courroux,
Les desirs effrénés d'une ardeur criminelle
Et l'audace d'une ame à la pitié rebelle.
D'une voix âpre et rauque, il profère ces mots :
« Cruelle ! tes rigueurs m'ont ôté le repos ;
« Achève, et d'un amant termine l'existence,
« S'il ne peut de ton cœur vaincre la résistance.
« Ce fer, qui de mes jours doit trancher le lien,
« Sortira de ton flanc pour entrer dans le mien;
« Préviens mon désespoir, et que l'amour unisse
« Deux cœurs, dont il a fait si long-tems le supplice ».
« Eh bien ! répond Elvire, obéissez au sort,
« Frappez, voilà mon sein ; j'attends de vous la mort :
« Cruel ! délivrez-moi du fardeau de la vie ;
« Que par vous la lumière enfin me soit ravie».
Ces mots sur son esprit font un effet soudain.
De ce mortel farouche ils désarment la main.
Le poignard s'en échappe. Ismar, dans le silence,
De sa flamme en secret combat la violence :

Il soupire, il se calme, et ce terrible amant
Pour sa victime en pleurs s'attendrit un moment.
Devant elle, confus, interdit, immobile,
Il cesse de s'armer d'une rage inutile :
Il voudrait vaincre un mal prêt à le ressaisir.
Vains efforts ! rien ne peut surmonter son desir.
Dans son cruel amour, le feu qui le consume
Avec plus de fureur tout-à-coup se rallume :
Il ne peut résister à l'excès d'une ardeur
Qui le mine, le brûle, et dévore son cœur :
Il se relève. Alors, dans sa rage brutale,
Par des transports muets tout son courroux s'exhale
Au plus affreux désordre il demeure livré.
Ennemi redoutable, amant désespéré,
Il erre autour d'Elvire ; et l'œil fixé sur elle,
Par de brûlans regards, où l'audace étincelle,
L'insensé dévorant ses augustes attraits,
De l'amour en son cœur enfonce tous les traits :
Il veut parler, sa voix sur ses lèvres expire.
Tremblant, n'écoutant plus qu'un terrible délire,
Il s'arrête.... et bientôt, d'un pas impétueux,
Le dépit dans le cœur, la rage dans les yeux,
S'élançant vers l'objet de ses noires alarmes,
Il veut à ses desirs soumettre enfin ses charmes :

Elvire au même instant s'échappe de ses bras.
L'épouvante, l'horreur emporte au loin ses pas;
Elle fuit l'ennemi qui vole sur ses traces.
Mais quel est son destin ?.. Ah ! mortelles disgrâces !
Aux yeux de son tyran, dont l'espoir s'est accru,
Grand Dieu ! l'infortunée a soudain disparu....

En ce fatal moment que fait l'époux d'Elvire ?
L'impitoyable sort, pour combler son martyre,
En déchaînant les vents sur la plaine des eaux,
Avait seul dans ce jour dirigé ses vaisseaux :
Ils sont poussés par lui vers le triste rivage ,
Où près d'Elvire, Amour pleure un sanglant outrage.
On débarque en ces lieux ; et Soliman d'abord ,
Par l'ordre qu'il y donne, a satisfait au sort.
Il parcourt, il franchit des routes tortueuses ,
Contemple des rochers les cimes sourcilleuses ;
Et toujours entraîné par un pouvoir secret,
Se plaît à découvrir quelque nouvel objet.
Quel est celui qui frappe au même instant sa vue ?
Ciel ! il voit dans son sang une femme étendue,
Les yeux éteints , la mort peinte dans tous ses traits ,
Et perdant sans retour l'éclat de ses attraits.
Soliman s'en approche... il reconnaît Elvire !
A cet aspect, quel trait le perce et le déchire !

Il pousse un cri d'horreur. Dans un premier transport
Il saisit son poignard pour s'en donner la mort.
Où sa grande ame, hélas! n'est-elle point réduite!
Il tombe évanoui dans les bras de sa suite.
Pâle, l'œil égaré, sans voix, sans mouvement,
Il succombe à l'excès de son affreux tourment.
Mais bientôt dans son sein la douleur se ranime :
Alors d'un vil tyran déplorant la victime,
Il la prend dans ses bras, et mêle avec son sang
Les baisers qu'il lui donne, et les pleurs qu'il répand.

O prince infortuné! quelle est donc la furie
Qui t'enlève à jamais cette femme chérie?
Comment le cruel sort, dans ce sombre séjour,
Lorsque tu la cherchais, lui ravit-il le jour?
Fuyant devant Ismar, cette fidèle amante,
L'esprit troublé, saisi d'une prompte épouvante,
N'aperçut point l'abîme où la portaient ses pas,
Et sans prévoir sa perte, y trouva le trépas.
O rigoureux destins! sa mort fut un supplice.
Tombant de roc en roc au fond d'un précipice,
Son corps inanimé, sur la pierre étendu,
A couvert le rocher du sang qu'il a perdu.

Mais le ciel fit bientôt éclater sa vengeance.
Sans doute il la devait au cri de l'innocence.

Ismar cherchait Elvire ; et, du sommet d'un mont,
Il accourait, plongé dans un trouble profond :
Il arrive... ô terreur ! dans le soin qui l'agite,
Effaré, haletant, d'effroi l'ame interdite,
Il veut fuir, mais en vain, l'aspect de Soliman ;
Il est soudain saisi par ordre du sultan,
Qui, bouillant de fureur, dès qu'il l'a vu paraître,
De cent coups de poignard perce à l'instant le traître :
« Meurs, scélérat, dit-il, et délivre à jamais
« Ces lieux avec ton sang souillés de tes forfaits ;
« Reçois le prix du crime... Elvire m'est ravie !
« Tu fais, par son trépas, le tourment de ma vie !
« Mais que ton châtiment apprenne à l'Univers
« Comment j'ai su venger l'amante que je perds,
« Et quels terribles maux réserve ma justice
« A tous ces Chevaliers, dont tu fus le complice.
« Sur eux j'irai dans Malte assouvir ma fureur,
« Exterminer leur Ordre en leur perçant le cœur :
« Oui, j'irai de mes mains renverser leurs murailles,
« Et du dernier Chrétien déchirer les entrailles.
« Elvire ! de nouveau reçois-en mon serment ;
« Ta vengeance est remise au bras de ton amant. »
    Il dit, et par son ordre aussitôt on s'empresse
D'emporter aux vaisseaux l'objet de sa tendresse :

Il suit, les yeux baissés, dévorant son malheur,
Et le cœur accablé du poids de sa douleur.
Vers le rivage alors, dans un morne silence,
A travers les rochers le cortége s'avance.
Tout ce qui l'environne, et ces monts sablonneux
Dont l'aride sommet n'a rien que de hideux,
Et ces antres obscurs, ces roches solitaires,
Des nocturnes oiseaux retraites ordinaires,
Au trouble des esprits, à leur sombre langueur
Semblaient mêler encore une secrète horreur.
A l'aide cependant d'une route incertaine,
Jusqu'au prochain rivage on arrive avec peine :
On porte et l'on descend le corps sur un vaisseau,
Digne d'en recevoir l'honorable fardeau.
Là, devant le monarque Elvire est déposée ;
Là, sanglante à ses yeux elle reste exposée :
Il ne la quitte point. Son aspect, tout le jour,
Entretient sa douleur, irrite son amour.
Immobile, interdit, l'œil attaché sur elle,
Il nourrit de son mal l'amertume cruelle.
Le plus mortel ennui se concentre en son cœur ;
Et sa sombre tristesse éveille sa fureur.
Telle d'un fier volcan la lave bouillonnante,
Dans ses flancs caverneux s'agite, se tourmente,

Fait ouïr un bruit sourd, prélude ménaçant
Des torrens que vomit son gouffre mugissant.

    L'ame à son deuil en proie, à l'amour asservie,
Dédaignant jusqu'au soin de prolonger sa vie,
Le sultan que déchire et flatte son tourment,
A fait de sa douleur son unique aliment.
Du plus cuisant chagrin déplorable victime,
Lui-même de son mal il creuse encor l'abîme.
Cependant, par des vœux, des soins consolateurs,
On parvient à calmer de si vives douleurs.
De la tendre amitié la touchante éloquence
En a su par degrés dompter la violence.
Le monarque lui cède, et fidèle au devoir,
S'arrache au triste objet de son long désespoir.

    En s'éloignant d'Elvire, il retourne au rivage,
Et cent fois au destin reproche son outrage,
Tandis que son amante est admise aux honneurs
Rendus, après la mort, aux suprêmes grandeurs.
Sur elle l'on prodigue et le baume et l'essence,
De précieux parfums, dont l'active puissance
Saura, par des secrets et prompts et merveilleux,
Du malheureux sultan charmer encor les yeux,
Lui laisser d'une épouse une image fidelle,
Et sauver du néant sa dépouille mortelle.

Après de longs travaux où l'art s'est surpassé,
Un lit sombre et pompeux pour Elvire est dressé.
L'or, la pourpre et la soie à l'envi le composent,
Et dans un lieu funèbre , où ses restes reposent ,
Sont de vains ornemens, symboles du malheur,
Qu'éclaire des flambeaux la lugubre pâleur :
Autour d'elle est rangée une garde honorable.
Là, s'offre le sultan toujours inconsolable ,
Et jurant de punir , par de sanglans combats,
Le plus noir à ses yeux de tous les attentats.
Mais le souffle des vents le retenait encore.
Le monarque en profite ; il veut que l'on décore
Ces rochers, d'un lugubre et sacré monument,
Qui dise au voyageur son amoureux tourment.
Sans relâche aussitôt des bras infatigables
Attaquent de ces lieux les enfans respectables,
Des chênes, des sapins, des arbres monstrueux
Qui portaient jusqu'au ciel leur front majestueux.
Sous ses coups la coignée entraîne leur feuillage
Et ravit aux rochers un magnifique ombrage.
De leur bois qu'il transforme , un fer industrieux
Erige un vain tombeau, simulacre pieux,
Dont la solidité, dans sa prompte structure,
Reculera des tems l'inévitable injure :

On arbore au sommet quatre pompeux croissans ;
Et l'on y lit ces mots, simples mais imposans :
« Sous l'attentat du crime, ici périt Elvire,
« L'amour de Soliman, l'honneur de son empire ».

Ainsi, parut son deuil. Après qu'un tel honneur
Eut d'un long souvenir signalé sa douleur ;
A ses sombres coursiers la nuit lâchant les rênes,
Sur la terre bientôt versa l'oubli des peines.
Déjà l'heureux Morphée agitant ses pavots,
Avait chez les humains ramené le repos :
Il leur rendait le calme à cette heure paisible,
Où l'homme est entraîné par un charme invincible,
Quand, bornant son travail, un sommeil gracieux
Vient, pour le soulager, appesantir ses yeux.
Seul alors il suspend l'ennui du misérable,
Et mêle à sa langueur un bienfait secourable.
Soliman qu'épuisait un si long désespoir,
Combat, repousse en vain son absolu pouvoir.
Le Dieu, de ses pavots, fait glisser en ses veines
Le suc consolateur des disgrâces humaines :
Il tempère le feu du courroux qui l'aigrit,
Et, maître de ses sens, appaise son esprit.

Tandis qu'un doux sommeil régnait sur sa paupière,
La nuit dans le silence avançait sa carrière :

Elle en avait déjà parcouru la moitié,
Lorsqu'un songe pompeux, par l'Amour envoyé,
Vint offrir au sultan l'image du Prophète,
Des volontés du Ciel glorieux interprète.
Son front, ceint d'un turban, joignait à sa fierté
Le sublime appareil de la divinité :
Un croissant y formait son sacré diadême.
Tout annonçait en lui la majesté suprême.
Il dit à Soliman, l'œil attaché sur lui :
« Prince, d'un vaste empire et la gloire et l'appui,
« Soutien de l'Alcoran, protecteur de Médine,
« Digne sang des héros dont je suis l'origine,
« Poursuis tes grands desseins. Mais cesse dans ces lie
« De consumer ainsi des momens précieux.
« Vole avec tes guerriers où le devoir t'appelle ;
« C'est là qu'il faut venger une beauté fidelle,
« Ses malheurs, ton amour, Mahomet et ta foi.
« Là, ton armée attend et réclame son Roi :
« Elle combat en vain, si bientôt ta présence
« Ne vient dans ses assauts ranimer sa constance.
« Cours chercher des hasards dignes de ta valeur ;
« Et que Malte fléchisse aux pieds de ta grandeur.
« Demain, des vents changés le souffle favorable
« Assure sa conquête à ton bras formidable :

«Emporte, j'y consens, l'objet de tes douleurs,

«Si digne de regrets, si digne de tes pleurs.

«Mais, d'un cœur résigné, sache endurer la peine

«Où sa perte a réduit ta vertu souveraine.

«Le héros se trahit, s'il paraît s'y livrer ;

«Plus elle est vive, et plus il la doit modérer.

«Souffrir, dissimuler, telle fut ma science ;

«D'un vain mortel en moi je sauvai l'apparence,

«Et je devins, aux yeux du vulgaire étonné,

«Digne de ce haut rang qui m'était destiné :

«Imite mon exemple : au sein de la tristesse,

«Ne va point déceler une indigne faiblesse.

«La douleur a son terme, et quel qu'en soit l'excès,

«Il faut à l'œil du peuple en cacher les effets.

«Au séjour immortel qu'habitent l'innocence,

«La beauté, les talens, l'honneur, la bienfaisance,

«Ton Elvire jouit du suprême bonheur ;

«Et pour toi son amour vit toujours dans son cœur ;

«Mais ici, par ma voix, elle-même t'engage

« A venger dans le sang son trépas qui t'outrage. »

Le prophète, à ces mots, par un charme puissant,

Offre aux yeux du monarque un séjour ravissant,

Délicieux jardin ; demeure fortunée,

Au courage, aux vertus par le ciel destinée.

« Voyez, prince, et sachez, poursuivit Mahomet,

« Le bonheur qu'un Dieu juste en ce lieu vous promet.

« Saisons, climats, sans cesse aux humains font la guerre :

« Ici, libre, affranchi des malheurs de la terre,

« Pour prix de ses travaux, le généreux mortel

« Est comblé des bienfaits d'un printems éternel.

« Dans ce riant séjour, dans ces lieux de délices,

« Mille fruits; mille fleurs nous donnent leurs prémices.

« Là, sont pour nous des champs, des bosquets toujours

« A travers ces vergers d'épais rameaux couverts,

« S'épanchent lentement des ondes cristallines,

« Qui vont baigner le pied des plus riches collines.

« Mais de cette fontaine, où règne la fraîcheur,

« Voyez tomber ces flots d'une heureuse liqueur.

« Quels parfums dans les airs, ces bassins qu'ils remplissent,

« Exhalent, sans jamais qu'un instant ils tarissent !

« C'est la source pour nous de la félicité ;

« C'est le breuvage pur de l'immortalité.

« Dans ces champs fortunés habitent vos ancêtres.

« De soins, de peine exempts, sous ces voûtes champêtres,

« Au sein de ces vergers, sur des gazons fleuris,

« Ils goûtent les plaisirs des immortels esprits.

« Près d'eux, sont des guerriers, jadis soutiens du trône.

« Remarquez ce mortel que leur foule environne ;

« C'est l'illustre Airadin qui, reçu dans ces lieux,

« Y cueille en paix le fruit de ses faits glorieux.

« Tourmenté du regret, qu'en de telles alarmes,

« Le sort vous ait ravi le secours de ses armes,

« Il trouve dans les vœux q ue forme sa valeur,

« Un adoucissement à sa juste douleur.

« Mais sous ces mirthes verts quel charme vous attire ?

« Seigneur, votre œil surpris y reconnaît Elvire :

« Oui, c'est elle. Voyez comme dans ce séjour

« Tout conspire à calmer son languissant amour !

« Avec un saint respect, ces vierges autour d'elle

« Lui prodiguent leurs soins, leur hommage et leur zèle.

« Pour charmer ses loisirs, que d'objets ravissans !

« Un ciel toujours serein, des feux resplendissans,

« Sur ces tapis formés d'une riche verdure,

« Font briller à ses yeux la clarté la plus pure.

« Ces fontaines, ces lacs, ces limpides ruisseaux

« En répètent l'éclat dans le cristal des eaux.

« La main de l'Eternel embellit ces rivages.

« L'émail de leurs vergers, le frais de leurs ombrages,

« Le goût exquis des fruits, le doux parfum des fleurs,

« Tout ici d'un Dieu même atteste les faveurs.

« Là, règne votre Elvire : au sein de ces prairies,

« Elle aime à promener ses tendres rêveries :

« Elle y goûte un bonheur aussi constant que doux ;
« Elle attend que le ciel lui rende son époux.
« Seigneur, de votre nom illustrant la mémoire,
« Vous y viendrez jouir d'une éternelle gloire. »
  Par ce songe éveillé, le monarque soudain
A ressenti l'effet d'un pouvoir souverain :
Il se calme ; et sa peine, alors moins expressive,
Concentrée en son cœur, n'en devient que plus vive.
Mais il sait ce qu'il doit à lui-même, à son rang,
Et brûle de laver son affront dans le sang.

FIN DU CHANT SIXIÈME.

LA MALTÉIDE.

CHANT SEPTIÈME.

SOMMAIRE.

Soliman s'embarque et se dirige vers Malte. — Rencontre qu'il fait pendant sa navigation. — Combat livré par lui. — Sa générosité envers ses ennemis. — Le siége du fort Saint-Elme continue. — Acharnement des Turcs et dévoûment des Chevaliers. — Les assiégés sont réduits à la dernière extrémité. — Belle résolution du grand-maître pour les secourir. — Ce qui se passe entre lui et plusieurs de ses Chevaliers. — Arrivée d'un des assiégés, qui apporte d'heureuses nouvelles. — Récit qu'il fait du succès inattendu des Chrétiens. — Le redoutable Dragut, tué sur les murs, demeure au pouvoir des vainqueurs.

CHANT SEPTIÈME.

L'ombre disparaissait, et la nature entière
Avec émotion revoyait la lumière.
Le sultan, l'œil frappé des premiers traits du jour,
Près d'Elvire est conduit par son fatal amour.
Là, déplorant sa perte, il prévenait l'aurore ;
Là, devançant la nuit, il la pleurait encore.
Mais il cède au devoir ; son cœur s'est résigné,
Et déjà du départ le signal est donné.
Sur la rive aussitôt tout se meut, tout s'empresse
De fuir ces monts hideux, siége de la tristesse.
C'est pour venger Elvire et son illustre amant,
Qu'une publique ardeur éclate en ce moment.
La voile est déployée ; on s'affranchit des câbles,
Et la flotte a le ciel et les vents favorables :
Au bruit majestueux de l'airain meurtrier,
Soliman la précède et vogue le premier.
Etalant sur les flots sa douleur pour Elvire,
Un lugubre appareil signalait son navire :

A ses mâts qui fendaient la nue avec orgueil,
Flottaient superbement les marques de son deuil.
Trois fois, de ses vaisseaux les bronzes retentirent,
Et trois fois à leurs sons les échos répondirent ;
Ils attestaient l'honneur et l'hommage éclatant
Qu'au monument d'Elvire on rendait en partant :
C'était pour ce tombeau laissé sur le rivage,
Des regrets du Sultan le dernier témoignage.

Il naviguait, l'esprit de vengeance occupé,
Lorsqu'un léger brouillard, tout-à-coup dissipé,
Laissa voir un vaisseau, dont la course rapide
Servait l'empressement d'une troupe intrépide :
Il menait aux combats de valeureux Chrétiens,
Qui, naguère partis des bords Siciliens,
Allaient, bouillans d'audace, et dans la fleur de l'âge,
Sous un chef plein d'honneur attester leur courage :
Des défenseurs de Malte ils couraient à la fois
Partager et la gloire et les sanglans exploits.
Leur pavillon flottant au sultan les décèle.
Mais, pareils à l'oiseau fuyant à tire d'aile
La serre du vautour qui le poursuit en vain,
Leur navire est déjà dans l'espace lointain ;
Il échappait alors, sans une main puissante
Qui soudain captiva sa voile impatiente.

Un Dieu, le traître Amour secondé des Destins,
Lui-même l'a poussé sur des sables voisins ;
Tandis que du sultan redoublant la vitesse ,
Il livre à sa vengeance une ardente jeunesse.
   Contre elle Soliman fait voler ses vaisseaux ;
Il l'atteint, l'investit, l'assiége sur les eaux.
Pour la réduire, en vain sa flotte foudroyante
Croit porter dans les cœurs la crainte et l'épouvante.
Le navire assailli, que rien ne peut mouvoir,
Oppose à l'infortune un puissant désespoir.
O courage inoui ! deux fois sa résistance
Du sort en sa faveur fait pencher la balance ;
Et deux fois Soliman, trompé dans ses efforts,
Laisse d'un noir dépit échapper les transports.
Toutefois les Chrétiens , constans à se défendre ,
Au grand nombre, au destin, sont forcés de se rendre ;
Ils sont pris et conduits au monarque irrité,
Qu'étonne tant de zèle et d'intrépidité.
Furieux il leur dit : « Chevaliers téméraires ,
« Qui couriez partager le crime de vos frères ,
« Quelle était votre audace? et quel aveuglement
« Osa vous inspirer un tel acharnement ?
« Me braver jusqu'ici par tant de résistance !
« Est-ce assez de vos cœurs témoigner l'imprudence?

« Et quel espoir si vain vous armait contre moi,

« Quand mon nom sur ces mers a tout rempli d'effroi

« Veniez-vous, insensés, lorsque Malte succombe,

« Provoquer ma vengeance et creuser votre tombe ?

« Parlez, je vous l'ordonne ; et par d'heureux détours

« Chrétiens, n'espérez point de prolonger vos jours »

Le chef des Chevaliers, outré d'un tel langage,

Librement y répond, fier de son esclavage :

« A ces jeunes guerriers qu'en tout guide l'honneur,

« Quel reproche, dit-il, peut-on faire, seigneur?

« Intrépides objets de vos haines mortelles,

« Conduits par le devoir, à leur serment fidelles,

« Chevaliers et soldats, il est vrai, brûlaient tous

« D'aller sur nos remparts s'illustrer contre vous.

« Aux yeux d'un ennemi, sans doute, c'est un crime ;

« Mais si dans un courroux injuste ou légitime,

« Jusqu'à vous la raison fait entendre sa voix,

« Admirez leur courage et respectez leurs lois.

« Ce sont elles, seigneur, qui dirigent leurs armes :

« A leur commandement ils volent aux alarmes.

« Prince, je l'avoûrai, dût ma sincérité

« Avancer mon trépas, quoique peu mérité,

« Si le ciel eût servi leur généreuse envie,

« Ils couraient, ou mourir, ou sauver leur patrie.

« Rien , sans un cruel sort, n'eût pu les retenir ;

« Et de leur liberté, s'ils pouvaient l'obtenir,

« Tel est l'unique emploi qu'ils voudraient encor faire ».

    Un murmure, à ces mots, le force de se taire.

Tout le conseil ému, dans son ressentiment,

Demande qu'il subisse un juste châtiment ;

Que d'une téméraire et superbe insolence

La mort soit à l'instant la digne récompense.

L'arrêt est prononcé. Mais à tant de rigueur

Le sultan plus humain s'oppose avec grandeur.

« Comme vous , mes amis, sa liberté m'étonne ,

« A-t-il dit, mais l'honneur veut que je lui pardonne.

« Qu'il vive ! un noble cœur, sans avilissement,

« Ne saurait condamner un pareil dévoûment.

« C'est au sein des combats, que mon ame terrible

« Doit s'armer d'un courroux justement inflexible ;

« Mais que j'attente aux jours d'un ennemi vaincu !

« Qu'à le frapper alors j'abaisse ma vertu !

« Trop de honte suivrait une action si lâche :

« A mon ressentiment donnons quelque relâche ;

« Et sans perdre le tems à l'assouvir ici ;

« Sans me déshonorer en me vengeant ainsi ,

« Courons, volons aux lieux où, fumant de carnage,

« Mon bras ira punir le plus sanglant outrage ».

Il dit, et partageant ce noble sentiment,
La flotte fend le sein de l'humide élément.

Mais quel bruit, quel fracas, dans Malte me rappelle
Que d'audace y renaît ! que de sang y ruisselle !
Le démon des combats redoublant de fureur,
Y répand l'épouvante, y sème la terreur :
Il s'y nourrit de meurtre ; et toujours plus avide,
S'y fait du sang qu'il verse un plaisir homicide.
Muse ! hausse mes sons ; inspire-moi des chants
Dignes de célébrer tant d'assauts éclatans :
A la voix d'un mortel prête un accent sublime ;
Échauffe mon esprit du beau feu qui t'anime ;
Et que ta main surtout dirigeant mes pinceaux,
Donne un ton vigoureux à leurs mâles tableaux.

En vain des assiégés les troupes réunies,
Avaient tenté vingt fois de nouvelles sorties.
L'imposant ravelin qu'elles avaient perdu,
Était par l'ennemi constamment défendu :
Déjà même élevant de terribles machines,
A force de travaux, d'instrumens de ruines,
Il avait des remparts excédé la hauteur,
Et du fort assiégé battu l'intérieur.
De ses foudres d'airain les bouches meurtrières
Recevant, exhalant d'infernales matières,

Jusqu'au sein de leurs murs écrasaient les Chrétiens,
Et ravissaient au fort ses plus fermes soutiens.
Avec quel zèle alors, triomphant de son âge,
Mustapha court des siens gourmander le courage!
Nul relâche pour eux. De sa bouillante ardeur,
Il échauffe, ranime, enflamme leur valeur :
Il veut, pour assurer, pour hâter sa conquête,
Franchir dans sa largeur le fossé qui l'arrête.
Ses ordres sont donnés : un intrépide effort
Va lui faire un chemin jusqu'au sommet du fort.
Aussitôt mille bras y transportent des chênes,
De pesans madriers et de longues antennes,
Dont le prompt assemblage a fait un large pont,
Où l'Ottoman déploie un redoutable front.
  La foule au même instant, avide de carnage,
Y court droit aux remparts se frayer un passage;
Elle y fond plus rapide et sans ordre de rang,
Que les flots mutinés d'un superbe torrent,
Qui grossi par la pluie et dégageant sa source,
Rompt tout ce qui s'oppose au progrès de sa course,
Rien ne peut résister à l'effort de ses eaux;
Du riche laboureur il détruit les travaux :
Le berger qu'il surprend avec peine l'évite,
Et croit trouver la mort dans le champ qu'il habite.

A la faveur du pont, l'ennemi furieux
Sur le mur se répand à flots tumultueux.
Tout cède, en cette attaque, à sa rage guerrière,
Tandis que de l'airain la grêle meurtrière,
Sans relâche pleuvant du fatal ravelin,
Dans l'enceinte du fort porte un trépas certain.
Cependant les Chrétiens qu'un tel danger menace,
N'y cessent d'opposer une intrépide audace :
Assaillis, mais d'un front que rien ne fait pâlir,
Sous leurs murs foudroyés tous vont s'ensevelir :
Ils affrontent la mort ; ils bravent le carnage.
Leur espoir, leur salut n'est plus qu'en leur courage ;
Ils n'écoutent que lui. Chevaliers et soldats,
Tous vers les assiégeans précipitent leurs pas.
Quelle image autour d'eux des horreurs de la guerre !
Des cadavres sanglans jonchent ici la terre ;
Là, gissent de leurs corps des membres séparés.
Plus loin, sont des mortels, hâves, défigurés,
Brûlés par le soleil, tout couverts de poussière,
Et que soutient encore une vertu guerrière.

    Qui le croirait? Plusieurs, à leur dernier soupir,
Font à l'envi paraître un généreux desir.
La mort seule interrompt, finit leur résistance ;
Tous livrent au trépas un reste d'existence.

Abel de la Gardampe, atteint d'un coup mortel,
Tombe, et se traîne encor jusqu'au pied d'un autel :
En vain on le supplie, en vain on le conjure
De ne refuser point qu'on ferme sa blessure :
« Frères d'armes, dit-il, et vous, braves servans !
« Cessez de me compter au nombre des vivans.
« Portez, portez vos soins à tous ceux de nos frères
«Qui seuls pourront survivre à nos destins contraires ».
A ces mots, il leur fait un éternel adieu :
Il invoque le ciel, se recommande à Dieu ;
Puis il expire, heureux de perdre ainsi la vie
Pour la foi, ses amis, l'honneur et la patrie.

   Cependant vers les murs, sur leurs débris fumans,
Se grossissaient les flots des cruels Musulmans :
Ils voudraient, dans le sang dont s'abreuve leur rage,
Du dernier des Chrétiens éteindre le courage.
Ce fort, de l'Ordre entier devenu le tombeau ;
Le sort des assiégés ; le douloureux tableau
De leur trépas, seul fruit du plus généreux zèle,
Alarment de leur chef l'amitié paternelle.
Mille fois il se plaint qu'avec tant de pouvoir
A ses desirs s'oppose et Malte et son devoir,
Et que, loin des périls, une vaine prudence
Ait jusqu'en ces momens captivé sa vaillance.

Mais il est obéi. Dans un morne appareil,
Des Chevaliers soudain s'assemble le conseil.
Le deuil seul y préside : un silence énergique
Y règne, y dit long-tems la disgrâce publique :
Organe de l'effroi, qu'il semblait alarmant !
Lavalette le rompt, et, d'un ton véhément :
« Guerriers ! voici le jour, où chacun de sa vie
« Doit payer le tribut qu'impose la patrie.
« Dans leurs constans efforts trahis par le malheur,
« Nos frères combattans, mourans au champ d'honneur,
« Veulent que nous aillions, poussés d'un saint courage,
« Des périls avec eux faire un noble partage :
« Avant que nos remparts ne perdent leurs secours,
« D'un torrent ennemi j'arrêterai le cours !
« Ici, loin des hasards, que rien ne nous retienne !
« Que Malte, le devoir, nos vœux, la foi chrétienne,
« Dans le fort assiégé, prompts à guider nos pas,
« Ne nous inspirent plus que l'amour du trépas !
« Chevaliers ! suivez-moi ; volons à la victoire ;
« Courons y mériter une éternelle gloire,
« De tant d'assauts sanglans accélérer la fin,
« Mourir, ou triompher des rigueurs du destin ».
    Il dit, et prend alors ses redoutables armes.
Déjà, d'un pas rapide, il volait aux alarmes ;

Mais par les Chevaliers, dans sa course arrêté,
C'est en vain qu'il cédait à l'intrépidité :
Une foule à ses pieds, d'une voix suppliante,
Oppose à ses desseins une prière ardente ;
On s'assemble, on se presse autour de ce guerrier.
Chacun le conjurait, au nom de l'Ordre entier,
D'épargner une vie à l'Europe si chère :
« C'est à nous de fléchir sous un destin contraire,
« Criait-on, mais qu'un chef, notre unique soutien,
« Et l'exemple et l'honneur de l'Empire chrétien,
« Des plus affreux hasards affrontant la tempête,
« Aux caprices du sort aille livrer sa tête !
« C'est en lui nous ravir jusqu'au dernier espoir !
« En vain l'honneur veut-il commander au devoir.
« Le besoin, nos dangers, tout, seigneur, vous supplie
« D'user mieux du pouvoir que le ciel vous confie.
« Eh ! qui pour nous aurait tant de soins paternels ?
« Avec vous emportant nos regrets éternels,
« A quelle extrémité voulez-vous nous réduire ?
« Quelle ardeur si funeste a donc pu vous séduire ?
« Avant de prodiguer vos précieux secours,
« Souffrez que les destins disposent de nos jours.
« Le Dieu qui nous défend, qui pour nous vous conserve,
« A de plus grands travaux vous-même vous réserve :

« Un jour fatal approche, où d'horribles combats
« Pour délivrer ces lieux, armeront votre bras.
« Mais qu'aujourd'hui, seigneur, quand il vous reste encore
« Des amis, des guerriers que leur courage honore,
« Sans besoin, vous couriez à des périls certains!
« Nous, l'État, tout s'oppose à de pareils desseins.
« Vivez : que Malte en vous espère et se rassure!
« La raison, le devoir, l'honneur vous en conjure. »
    Par mille cris, soudain ces mots interrompus
De Lavalette alors sont à peine entendus.
Cependant vers ces lieux un Chevalier s'avance.
Du puissant chef de l'Ordre il cherchait la présence·
On l'accompagne, au bruit des applaudissemens,
Présage inattendu d'heureux événemens :
Il entre. A son aspect, renaît la confiance ;
Et ce guerrier, le front rayonnant d'espérance,
Vient, devant les Chrétiens d'étonnement saisis,
Faire au nom de ses chefs d'incroyables récits.
Chacun des Chevaliers, avant que de l'entendre,
Interprète à son gré ce qu'il brûle d'apprendre.
Déjà de leurs malheurs ils semblent moins touchés.
Mais sur lui tous les yeux demeurent attachés ;
Et pressé de céder à tant d'impatience,
L'illustre Chevalier en ces termes commence :

« Déjà les assiégeans, par d'immenses travaux,

« Par des coups plus certains, par des efforts nouveaux,

« Dans l'excès d'une ardeur et d'une audace égale,

« Avaient fait aux remparts une brèche fatale :

« Ils s'y précipitaient, quand soudain nos soldats

« Affrontant le péril, méprisant le trépas,

« Accourent plus serrés, et, d'un front redoutable,

« Leur opposent partout un mur impénétrable.

« Ni le fer, ni le feu ne les peut enfoncer ;

« On les voit à la fois atteindre, renverser

« Tous ceux des Mulsumans dont la rage obstinée

« Et précède et dirige une foule acharnée.

« L'assaut n'est plus qu'un meurtre, un feu continuel.

« Dans son farouche espoir ; dans son dépit cruel,

« Sans cesse l'assiégeant devant nous se présente,

« Donne ou reçoit la mort sans que rien l'épouvante.

« Furieux, et toujours sur la brèche arrêté,

« Il joint le désespoir à la témérité ;

« Et telle que l'on voit la vague mugissante

« Fondre sur un navire, au sein de la tourmente,

« Tels on vit des bachas les bataillons poudreux

« S'élancer vers nos murs avec des cris affreux.

« Leurs intrépides chefs s'avançaient à leur tête,

« Prompts à tout hasarder pour saisir leur conquête,

« Ils allaient pénétrer au sein de nos remparts,

« Où déjà dans les airs flottaient leurs étendards.

« Dragut fut le premier dont l'étonnant courage

« A travers mille feux put se faire un passage.

« Mustapha le suivait : Hascen et Piali

« Sur la brèche avec lui gravissaient à l'envi.

    « Mais un nouveau combat au même instant s'engage.

« Dragut, ses compagnons, fiers de leur avantage,

« Excités par l'espoir d'un triomphe certain ,

« Prétendent plus avant se frayer un chemin.

« Dans leur impatience, ils devancent l'armée.

« C'était à la faveur d'une épaisse fumée ,

« Que bravant des Chrétiens les bronzes meurtriers ,

« Ils voulaient, dans leur choc, renverser nos guerriers ;

« Mais bouillans, n'ayant plus que la rage pour guide ,

« Les Chevaliers sur eux fondent d'un pas rapide.

« De l'altière cohorte ils domptent la fureur,

« Et dispersant ses rangs, la glacent de terreur.

« Dragut demeure alors sans soldats et sans suite.

« La peur à tous fait prendre une honteuse fuite :

« Il n'en est point troublé. Mortel plein de valeur,

« Il oppose au péril et l'audace et l'honneur :

« Il combattait encore ; et jusqu'en sa défaite ,

« Il semblait dédaigner de faire sa retraite.

« Enfin, au moment même où, du sein du trépas,

« Il courait tout sanglant rallier ses soldats,

« L'impétueux Médran sur lui se précipite,

« Et lui décharge un coup que ce mortel évite :

« Accepte le combat, lui dit ce Chevalier,

« Et de tes fiers bachas expire le premier.

« Dragut ne lui repart que de son cimeterre,

« Dont le fer esquivé s'en va frapper la terre ;

« Il redouble, et Médran, à ce cœur irrité,

« Oppose et son courage et son agilité.

« Cent coups portés, parés avec la même adresse,

« Signalent de tous deux la force et la souplesse.

« Tantôt, ces combattans se mesurent des yeux ;

« Tantôt, d'un geste altier, menaçant, furieux,

« Ils font pleuvoir le fer sur leur brillante armure,

« Dont l'acier retentit avec un long murmure.

« Dragut inébranlable, est tel qu'un sanglier

« Qui résiste à l'effort d'un courageux limier.

« Sans cesse harcelé, cet animal terrible

« Présente à son attaque un front inaccessible.

« De même le bacha, d'un bras ferme et nerveux,

« Constamment soutenait un assaut périlleux.

« L'adresse toutefois sur la force l'emporte ;

« Et prévenant les coups que son rival lui porte,

« Médran qui l'épiait, a saisi le moment

« Où ce fier ennemi, dans un faux mouvement,

« Lui découvre, au défaut de sa large cuirasse,

« Un passage vingt fois tenté par son audace.

« Son glaive au même instant étincelait dans l'air.

« Du bacha qu'il menace, il engage le fer,

« Le détourne, et d'un coup violent et rapide,

« Fait tomber à ses pieds ce mortel intrépide.

« L'acier qui l'a frappé lui traverse le flanc ;

« Et son ame s'exhale avec des flots de sang.

  « De son corps, le vainqueur retire son épée ;

« Et la levant au ciel, encore toute trempée,

« Dieu ! s'écria Médran, arbitre des combats,

« Qui m'as daigné prêter la force de ton bras,

« Pour hommage reçois le sang de ta victime ;

« Je te l'offre d'un cœur que ta foi seule anime.

« Fais que les Musulmans, dans leurs desseins trahis,

« Renoncent au succès qu'ils s'en étaient promis :

« Ou si, pour éprouver plus long-tems notre zèle,

« Ta sainte volonté dans nos murs les rappèle,

« Entends ma voix ; permets que notre dévoûment

« Triomphe par tes coups de leur acharnement.

  « A peine a-t-il au ciel adressé sa prière,

« Que vers lui du Croissant accourt l'armée entière :

« Honteuse, mais trop tard, de son lâche abandon,

« Elle en veut à l'instant mériter le pardon.

« Elle arrive... Elle voit, spectacle affreux pour elle !

« Un de ses chefs plongé dans la nuit éternelle.

« L'effroi, le désespoir s'empare des esprits.

« La douleur aux soldats fait pousser mille cris.

« Que d'accens de leurs cœurs expriment les alarmes !

« Pour la première fois leurs yeux versent des larmes.

« Dragut leur était cher : et juste et généreux,

« Il témoigna toujours de tendres soins pour eux:

« Au bruit de son trépas, tous à la fois gémirent,

« Et d'un cruel dépit au même instant frémirent.

   « Cependant sur la brèche, au malheureux Dragut

« Chacun de tout son sang veut payer son tribut.

« Quel carnage renaît de tant de funérailles !

« D'un côté, c'est l'ardeur de sauver ses murailles ;

« De l'autre, le desir de venger un guerrier

« Tombé sous le tranchant d'un homicide acier.

« Pour enlever son corps, à tout déterminée,

« La foule en vain déploie une audace obstinée :

« Le héros, digne objet de deuil et de fureur,

« Demeure dans le fort au pouvoir du vainqueur ».

FIN DU CHANT SEPTIÈME.

LA MALTÉIDE.

CHANT HUITIÈME.

SOMMAIRE.

Le député de la place assiégée continue ses récits — Allégresse des Chevaliers dans leurs forts. — Affliction des Turcs après la mort de Dragut, un de leurs plus grands capitaines, et le plus cher aux soldats. Sélima, l'une de ses femmes, forme le projet, avec ses compagnes, d'aller demander son corps aux Chrétiens. — Ce projet est exécuté. — Ce qui se passe de leur part et de celle des Chevaliers. — Le grand-maître les admet au festin pompeux qu'il donne, en réjouissance de ses succès. — Peinture de ce festin. — Un Chevalier prend une harpe, et chante les hauts faits des Héros, etc.

CHANT HUITIÈME.

Vivement applaudi par l'assemblée émue,
Le même Chevalier en ces mots continue :
« Mille et mille assaillans qui nous portaient la mort,
« De leur chef ont déjà subi le triste sort.
« Plus le danger s'accroît, plus la foule s'augmente.
« Le désordre se mêle à la rage sanglante ;
« Et les fiers Musulmans l'un par l'autre pressés,
« Ont poussé jusqu'à nous leurs flots embarrassés.
« Mais à peine en nos murs s'ouvrent-ils un passage,
« Qu'au lieu de la victoire, ils trouvent le carnage.
« Aveugle emportement ! par l'audace conduits,
« Dans un fatal sentier ils s'étaient introduits.
« Ce chemin tortueux, de l'art savant ouvrage,
« Nous était, dans l'assaut, d'un salutaire usage.
« C'était à la faveur de ses heureux détours,
« Qu'arrivaient aux remparts d'infaillibles secours.
« Trois fois on a tenté d'en surprendre l'issue,
« Et la foule est trois fois dans son espoir déçue.

« Tous ceux des Musulmans qui s'y sont avancés,

« Par le fer et le feu périssent renversés.

« Mais rien ne les étonne : animés par la rage ,

« Ils n'écoutent bientôt qu'un funeste courage.

« Dans ce lieu resserré qui trahit leur dessein ,

« Leur premier rang combat, et nous menace en vain.

« Sans défense, et pourtant armés de cimeterre ,

« Ils sont par nos guerriers vingt fois couchés par terre :

« On nage dans le sang. Sur des monceaux de morts

« Chevaliers et soldats signalent leurs efforts.

« Tout fléchit sous leurs coups, tout cède à leur furie.

« La haine dans les cœurs ne peut être assouvie.

« Victimes du trépas , sous des traits différens

« On ne voit plus alors que blessés, que mourans,

« Dont les accens plaintifs, dont les voix lamentables

« Ne sauraient émouvoir des cœurs inexorables.

    « Les chefs qui n'avaient pu, dans un trouble si grand,

« De cette multitude arrêter le torrent ,

« Confondus dans la foule , et maîtrisés par elle,

« Frémissent de sa perte, et condamnent son zèle.

« Mais à peine avaient-ils de leurs fougueux soldats

« Et soumis l'imprudence et réprimé les pas ,

« Que , forcés d'éviter une entière défaite ,

« Ils vont , criant , pressant de faire la retraite :

« A leur puissante voix, l'aigre son de l'airain
« Au milieu du fracas a retenti soudain :
« On obéit. Chacun, dans l'effroi qui l'agite,
« Vers la brèche, à grands pas, vole, se précipite :
« En un instant, l'armée a regagné le pont ;
« Mais tandis qu'elle y court nous cacher son affront,
« Sur elle, dans sa fuite encor tumultueuse,
« Fond de nos Chevaliers l'élite impétueuse.
« Rien ne peut l'arrêter. De son hardi projet
« Le pont a ressenti le dévorant effet.
« Des torches, des brandons y sont lancés par elle,
« Et la flamme partout sous les pieds étincelle.
« A des bois desséchés, à des mâts résineux
« S'attachent aussitôt d'insatiables feux,
« D'où s'exhale un brouillard, tourbillon de fumée,
« Qui dérobe aux regards et l'une et l'autre armée :
« Il obscurcit les airs, et dans ses vastes flancs
« Enveloppe le fort et les fiers assaillans :
« Dans sa noirceur accrue, il est comme un nuage
« Qui porte en divers lieux et la nuit et l'orage.
   « Parmi ces tourbillons, au mépris du trépas,
« Les assiégeans d'abord revolent sur leurs pas.
« Mais, en se grossissant, leur foule s'embarrasse ;
« Et nos jeunes guerriers, qu'emporte leur audace,

« Servis par le hasard, tout sanglans, tout poudreux,

« Et redoublent de rage, et s'acharnent contre eux.

« Un désordre mortel signale ces alarmes.

« Les cris des combattans, le long fracas des armes ;

« Le fer, le feu, la mort, partout se déployant,

« N'offrent plus dans ces lieux qu'un spectacle effrayant.

« Un choc plus meurtrier à l'instant recommence.

« L'Ottoman rassuré rappelle sa constance,

« Et devant nos guerriers, forcé de s'arrêter,

« A leur fougue indomptable il ose résister.

« Hascen, qu'en ce péril un zèle prompt engage,

« A déjà fait sentir l'effort de son courage :

« Il rend et la valeur et la force au soldat ;

« Et tout, à son exemple, avec ardeur combat.

« Alors, et dans l'attaque et dans la résistance ;

« D'un si terrible assaut s'accroît la violence.

« Mahométans, Chrétiens, encor plus acharnés,

« A toutes les fureurs se sont abandonnés.

« Dans les cruels transports d'une rage nouvelle,

« Avec des cris aigus, on se presse, on se mêle.

« Partout règnent le meurtre et la confusion.

« Nul ordre dans les rangs, nulle distinction.

« Parmi les combattans, le soldat, le chef même,

« Ne peut se reconnaître en ce tumulte extrême :

« Une sombre vapeur qui s'étend autour d'eux,

« Les couvre tout-à-fait d'un voile ténébreux ;

« Et plus d'un, renversé, va, du pont, dans l'abîme,

« Partager en tombant le sort de sa victime.

« Peignez-vous ces mortels, tous de sang altérés ;

« Voyez-les furieux, tantôt désespérés,

« Se saisir, se pousser au bord du précipice ;

« Et là, sans le prévoir, trouver un prompt supplice.

« Le vaincu dans sa chute entraîne le vainqueur.

« Un bruit affreux au loin se mêle à tant d'horreur :

« On n'entend que des cris de douleur et de rage.

« Mais un torrent de feux interrompt le carnage ;

« Et Chrétiens, Ottomans, d'égale ardeur épris,

« Sont par un tel obstacle au même instant surpris.

« Le sort laissait flotter la victoire incertaine ;

« Il les flattait encor d'une espérance vaine,

« Lorsque soudain la flamme, avide d'alimens,

« A la fuite contraint Chrétiens et Musulmans.

« L'assiégé, l'assiégeant tout-à-coup se sépare.

« Chacun fuit à grands pas un élément barbare.

« Des deux côtés, enfin, tous se sont retirés,

« Epuisés de fatigue et de meurtre enivrés.

« Mais de combien d'entre eux une éternelle absence

« N'a-t-elle pas été la triste récompense !

« Le Musulman sans fruit laisse parmi les feux,

« Des blessés, des mourans, des cadavres nombreux;

« Et de nos Chevaliers l'élite valeureuse,

« En déplorant des siens la perte douloureuse,

« Sent au moins se mêler à ses justes regrets

« Le consolant espoir que donne le succès.

« Ses desirs sont remplis. Le fatal pont s'écroule,

« Et des morts dans l'abîme il engloutit la foule;

« Il tombe avec fracas dans un fossé profond,

« Où, parmi ses débris, tout alors se confond.

    « Cependant vers nos murs à pas lents on ramène

« De généreux mortels qui respirent à peine,

« Adorne, Peyra, Laroche, Rivaros,

« Guérare, Debridiers et tant d'autres héros,

« Dont l'illustre malheur, les blessures sanglantes

« Sont de leur dévoûment les marques éclatantes.

« Arrivés dans le fort, des soins, d'heureux secours

« Sont par nous prodigués au salut de leurs jours;

« Et l'art, en leur faveur, disposant la nature,

« Sur leur pénible sort nous calme et nous rassure.

« Mais pour nos compagnons sous le fer expirés,

« De quels chagrins encor nos cœurs sont déchirés !

« Guerriers, et vous, seigneur, souffrez qu'ici ma bouche

« Exprime un sentiment qui m'anime et vous touche.

« Payons-leur nos tributs : oui, qu'il nous soit permis,
« Tout en les admirant, de pleurer nos amis.
« Broglio, Gonzalès ont terminé leur vie.
« Leur mort à d'autres chefs paraît digne d'envie;
« Et Mesquita, Guiral, Roble, Garzerantos
« De leur sang prodigué versent les derniers flots.
« C'était peu de sauver et nous et nos murailles;
« Ils voulaient hasarder de nouvelles batailles,
« Et, par un noble orgueil, détruire de leurs mains
« L'espoir des assiégeans trompés dans leurs desseins.
« Le ciel a couronné leur généreuse audace.
« Mais, en de tels succès, pour nous quelle disgrâce !
« Victimes de leurs vœux si dignement remplis,
« Sous des débris fumans ils sont ensevelis.
« Quel prix de leurs exploits et quelle sépulture !
« Faut-il que la valeur éprouve cette injure » ?
A ce discours, ses yeux se remplissent de pleurs.
L'assemblée en secret partage ses douleurs.
Tous les cœurs sont émus ; au trépas de leurs frères
Ils donnent des soupirs et des regrets sincères.
    Cependant le grand-maître à leur juste chagrin,
Dans sa discrète peine, oppose un front serein ;
Et de ses chevaliers exaltant la victoire :
« Ils sont tous morts, dit-il. au sentier de la gloire !

« Et loin de déplorer la fin de ces guerriers,

« Amis ! vantons plutôt l'éclat de leurs lauriers :

« Ils ont pour nous rempli dignement leur carrière.

« Qui n'envîrait leur sort, à son heure dernière !

« Qui ne voudrait, comme eux, en d'illustres combats,

« Vivre par sa mort même au-delà du trépas !

« Mais jouissons du fruit d'un si grand sacrifice :

« Avec eux combattait un Dieu juste et propice.

« Tant d'assauts par son bras ont été soutenus,

« Vos efforts secondés et nos murs défendus :

« Par lui nous triomphons. Sous sa main formidable,

« Est tombé des bachas le plus infatigable,

« Dragut, dont la valeur se faisait redouter,

« Et la mâle vertu chérir et respecter.

« Que sa mort nous rassure. Amis ! avec sa vie

« Aux tristes Musulmans l'espérance est ravie.

« D'un courage si fier l'anéantissement ;

« La honte, le dépit, l'effroi, l'accablement,

« Voilà tout le succès d'un sultan redoutable.

« Loin de nous toutefois un sentiment coupable !

« En guerriers que désarme et touche le malheur,

« Sachons, pour l'obtenir, mériter le bonheur.

« Au lieu de n'écouter qu'une rage cruelle

« Qui se fait un devoir d'une haine éternelle,

« Respectons, dans sa mort, un ennemi vaincu ,

« Et qu'à ses Musulmans il soit par nous rendu !

« Telle est ma volonté. Que demain, dès l'aurore,

« Le camp recouvre un chef aux siens si cher encore ;

« Et là , que ses amis , dans le deuil et les pleurs ,

« Lui rendent à leur gré de funèbres honneurs.

« Nous, pour qui son trépas est un heureux présage,

« Veillons à conserver un puissant avantage ;

« Redoublons de constance, et que de prompts travaux

« Rétablissent nos murs détruits par les assauts.

« Cependant, que du fort dans ces lieux on emporte

« De nos guerriers blessés la vaillante cohorte.

« Mon cœur souffre et respire également pour tous.

« Que rendus au repos , ils reçoivent de nous

« Tous les soulagemens que leur doit ma tendresse,

« Dans la noble pitié qui pour eux m'intéresse ».

    Il dit, et dirigé par un zèle divin,

Il a tourné ses pas vers le temple voisin.

Soudain le peuple accourt ; soudain, sur son passage ,

Mille cris des vainqueurs célèbrent le courage ,

Tandis que, d'un côté, les cloches dans les airs ,

Joignent leur voix sonore à de mâles concerts.

Dans l'enceinte élevée au maître de la terre

Le cortége entre , au bruit d'un belliqueux tonnerre ;

Et du temple sacré, que la foule remplit,
D'un chant majestueux la voûte retentit,
Chant auguste, porté par la reconnaissance
Aux pieds de l'Eternel, pour sa sainte assistance.

   Ces hommages rendus à la divinité
Par le zèle d'un peuple à la joie excité ;
Ce transport, ces élans d'une bouillante ivresse
Des esprits rassurés annonçaient l'allégresse.
Pendant qu'ils éclataient, les Chevaliers blessés
Par de nouveaux guerriers ont été remplacés :
Ils arrivent du fort, dans les bras de leurs frères,
Qui, par des soins touchans, des secours salutaires,
De leur pénible sort corrigeant la rigueur,
Dans leur corps épuisé rappellent la vigueur.

   Cependant, hors des murs, interdite, alarmée,
Gémit des Musulmans la malheureuse armée.
Chefs et soldats, tout pleure, en ce funeste jour,
Un héros disparu sans espoir de retour.
La nuit, en ramenant et le silence et l'ombre,
A tant d'affliction prêta son voile sombre,
Et du camp tout entier plongé dans la douleur
Accrut de plus en plus le deuil et la terreur.
Alors, de ses accens, une voix déchirante
Du plus cher des mortels fait retentir la tente.

La jeune Sélima la remplit de ses cris.

Quel sentiment commande à ses tristes esprits !

Dans un si grand revers, troublée, inconsolable,

Elle accuse le ciel du destin qui l'accable ,

Et passant du reproche à de brusques transports ,

Veut revoir un amant, expirer sur son corps ;

Témoigner à Dragut, idole de son ame ,

Ses ennuis, ses tourmens, sa déplorable flamme.

   Avec non moins d'éclat, par des cris et des pleurs,

Des compagnes en deuil partageaient ses douleurs.

Dragut les chérissait : pour elles, sans faiblesse,

Son cœur sensible et fier signalait sa tendresse.

Tous les jours, ce mortel, au retour des combats,

Plein d'un nouveau desir, revoyait leurs appas.

Héros, il les quittait ; amant, par sa présence

Il les dédommageait de sa fatale absence ;

Et quand, du champ pénible ouvert à sa valeur ,

Il revenait poudreux, épuisé de chaleur ,

Quel tableau succédait à celui des alarmes !

L'une courait à lui, s'emparait de ses armes ,

Le soulageait du poids de son lourd bouclier,

Remis par elle aux mains d'un fidèle écuyer :

Une autre décorait d'une soie éclatante

Le siége où ce bacha reposait dans sa tente.

Celle-ci recevait son turban de sa main :
Il s'asseyait alors ; et Sélima soudain
De son front redoutable essuyait la poussière,
Tempérait de ses yeux l'étincelle guerrière,
Et sanglant, le savait ramener, chaque jour,
De l'horreur des assauts aux plaisirs de l'amour.
Tel le terrible Mars, au sortir des batailles,
Rassasié de meurtre et las de funérailles,
Par sa flamme appelé dans les bras de Cypris,
Souvent y revolait de ses charmes épris.

 Sélima, dans ses traits, avait de la Déesse
Les célestes appas, la grâce enchanteresse.
Son âge était celui que l'on donne aux amours,
Age heureux des plaisirs! doux printems de nos jours!
La fraîcheur de son teint l'emportait sur la rose,
Pour l'amoureux Zéphir dans nos jardins éclose :
Elle charmait sans art ; et ses attraits vainqueurs
Au pouvoir de ses yeux asservissaient les cœurs.

 Hélas! loin de Dragut, plus de bonheur pour elle!
Dans ce triste penser, dans sa douleur mortelle,
Elle interrompt d'abord ses plaintes, ses sanglots,
Et s'agite et se lève, et s'écrie en ces mots :
« Compagnes, pourrions-nous, en de telles alarmes,
« Délaisser un mortel si digne de nos larmes?

« Non, non. Courons chercher, demander, obtenir

« L'objet cher et sacré de notre souvenir ».

Elle vole aussitôt vers les chefs de l'armée ;

Dit en pleurs, d'une voix par le zèle animée :

« Magnanimes guerriers ! cessez d'être surpris ;

« Et du plus saint amour connaissez tout le prix.

« Le devoir, l'honneur seuls, ici nous ont conduites.

« Par eux, dans nos ennuis, d'un noble espoir séduites,

« Mes compagnes et moi venons vous supplier,

« Vous conjurer, bachas, de ne pas oublier

« Un héros, dont la parque abrégeant la carrière,

« A plongé dans le deuil vous et l'armée entière.

« Daignez, daignez m'entendre, et permettre un dessein

« A nos cœurs inspiré par un pouvoir divin.

« Qu'un vaillant officier s'avance à notre tête ;

« Et de mille hasards nous bravons la tempête !

« Un drapeau, dans nos mains, signe auguste et sacré,

« Nous promet en ces lieux un retour assuré.

« Le respect, la pitié, les prières, les larmes,

« Notre âge, la beauté, le pouvoir de ses armes,

« De nos fiers ennemis attendriront les cœurs,

« Et rendront à vos vœux l'objet de nos douleurs.

« Enfin dans votre camp Dragut va reparaître,

« Dragut, pleuré par vous, par les Chrétiens peut-être ».

Un si hardi projet des bachas est goûté ;
Et, dès le jour naissant, il est exécuté :
On charge d'un drapeau, signal inviolable,
Un courageux mortel, Musulman respectable.
Il part avec sa suite, et dirige ses pas
En des champs dévastés, asile du trépas ;
Il les franchit, plongé dans un morne silence.
Cependant, sans péril, vers le fort il s'avance ;
Et devant les Chrétiens qui bordaient le rempart,
Le vent a déployé son funèbre étendard.
Jamais à leurs regards, avant, depuis ce siége,
Il ne s'était offert un si charmant cortége.
A peine est-il entré, qu'il trouve les esprits
En faveur des vaincus disposés, attendris.
Déjà même on l'exauce avant que de l'entendre.
La pitié, le devoir, tout conspire à lui rendre
De ses pressans desirs l'objet inanimé,
Pleuré des Musulmans, des Chrétiens estimé.
Mais ô fatal aspect ! dès qu'il frappe sa vue,
Sélima, comme un trait, égarée, éperdue,
S'élance, et sur Dragut épuisant sa douleur,
Tombe sans mouvement, sans force et sans chaleur.
Aux côtés du héros, ses compagnes tremblantes
Sont de même sans voix, pâles et défaillantes.

Un si touchant spectacle ébranle tous les cœurs :
On plaint de leur amour les mortelles rigueurs :
On s'assemble ; on s'empresse, en volant à leur aide,
D'apporter à leurs maux le plus puissant remède.

Du fort, on les conduit vers l'antique cité.
Surpris, et d'un saint trouble en secret agité,
L'Ottoman respectable à chaque pas admire
Des vertus des Chrétiens le généreux empire,
Et le vif intérêt qu'inspire le malheur
A des cœurs dirigés par un sublime honneur.
Il arrive, on l'accueille ; et son illustre suite
Dans un vaste édifice est d'abord introduite :
Elle y voit, en entrant, des ornemens guerriers,
Les bustes, les portraits des plus grands Chevaliers.
Cependant un festin avec pompe s'apprête.
C'est l'ordre du grand-maître : il veut qu'un jour de fête
Se mêle aux jours de deuil, que tant d'affreux combats
N'ont cessé d'amener dans ses tristes états ;
Et que ses ennemis sachent qu'il met sa gloire
A ne point abuser du fruit de la victoire ;
A respecter sur-tout la vertu, le malheur,
Comme des droits puissans et sacrés au vainqueur.

Déjà de mets exquis on a chargé les tables.
De jeunes Chevaliers, des vieillards respectables,

Attentifs, pleins d'égards et d'affabilité,
Sur de riches tapis font asseoir la beauté.
D'honneurs ils comblent tous leurs aimables convives,
Dont le cœur qui se peint dans leurs grâces naïves,
Eprouve un certain charme, un secret sentiment
Et de reconnaissance et d'attendrissement.

Enfin arrive l'heure où le festin commence.
Partout règne le faste au sein de l'abondance.
Le grand-maître y préside, avec une candeur
Qui toujours sur son front s'allie à la grandeur.
Quelle réunion! la grâce, la jeunesse,
L'âge qui lui succède et la sage vieillesse!
Ils formaient un contraste et piquant et nouveau,
Offraient à l'œil charmé le plus heureux tableau.
Là, paraît la beauté plus fraîche que la rose:
Ici, dans ce vieillard, où la vertu repose,
La majesté se joint aux ravages des ans :
A côté, quel air mâle, et quels traits imposans!
De la virilité c'est la pompeuse image.
Près d'elle, à la fraîcheur dont brille son visage,
A ce léger duvet épars sur son menton,
Ce guerrier du bel âge annonce la saison.

Dans tous la gaîté vive est jointe à la décence.
Nul trait, nulle équivoque où perce la licence:

On mêle à ses récits des faits intéressans,
Dont l'importance éveille et l'esprit et les sens.
De chacun cependant la coupe cristalline
Se vide, et se remplit d'une liqueur divine.
Le nectar y coulait ; et de ce jus flatteur,
Naissaient joyeux discours, épanchemens du cœur.
    Au sein de ces plaisirs qu'avouait la sagesse,
Sélima goûta peu la publique allégresse.
Son esprit inquiet, distrait par le chagrin,
Se nourrit de douleur pendant tout le festin.
Ses compagnes en deuil partageaient ses alarmes.
Un indiscret ennui se peignait dans leurs charmes.
Le grand-maître, touché de leurs secrets tourmens,
Veut que l'on s'y conforme en ces heureux momens :
On cède à tant d'égard ; et bientôt le silence
Succède à la gaîté, fille de l'abondance.
Alors un Chevalier, disciple d'Amphion,
De tous les assistans fixe l'attention :
Il sait, par des accens qui s'emparent de l'ame,
Y porter tout le feu du talent qui l'enflamme :
Il prélude ; et passant à des tons plus suivis,
Il touche, étonne, émeut, tient tous les cœurs ravis.
La harpe sous ses doigts rend un accord sublime.
Lui-même, de l'honneur organe magnanime,

A sa mâle harmonie il a mêlé sa voix ;
Et des héros il chante en ces mots les exploits :

Trésors, rangs, dignités, tout périt sur la terre.
     Ces biens et ces grandeurs,
De la fortune aveugle, inconstante et légère,
     Sont de frêles faveurs.

Mais sur leurs vains débris, cette immortelle gloire ;
     Ces superbes lauriers,
Que le héros moissonne au champ de la victoire,
     Demeurent tout entiers.

Que le Tems destructeur, dans sa course homicide,
     Dévore nos instans !
Contre l'ardent mortel que l'héroïsme guide,
     Ses coups sont impuissans.

Il prend un noble essor vers la race future ;
     Et le front radieux,
Il commande au destin ; il triomphe et s'assure
     Un rang parmi les cieux.

Si, victime du sort, à ses coups il succombe ;
     Tandis que pour jamais

Sa dépouille repose au séjour de la tombe ,
    Il vit dans ses hauts faits.

D'une aile infatigable, il vole d'âge en âge
    A l'immortalité ;
Et des siècles d'oubli son nom et son courage
    Percent l'obscurité.

Quel mortel si fameux, s'il n'a ceint de la gloire
    Les rayons imposans,
Prétendrait, après soi, soustraire sa mémoire
    A l'attentat des ans ?

Roi, guerrier, citoyen, tout est flétri sans elle ;
    Et leur faste éclipsé,
Périt avec leur nom, dans la nuit éternelle
    A jamais effacé.

Dans nos champs désolés, que de cœurs magnanimes
    Affrontant les hasards ,
Se sont montrés du sort généreuses victimes
    Aux yeux de nos remparts !

Leur bras s'est illustré ; leur gloire est éternelle ;
    Et leurs faits belliqueux

Triompheront des coups de la Parque cruelle,
    Chez nos derniers neveux.

Guerriers! que l'honneur suit aux ténébreux rivages,
    Inspirez-moi des chants
Dignes de consacrer, en de pompeux hommages,
    Tant d'efforts éclatans.

Loin de nous, d'une audace injuste et meurtrière
    L'importun souvenir!
Chevaliers, nous savons, d'une ame grande et fière,
    Combattre et non haïr.

Dans ses rigueurs pour nous Dragut fut implacable,
    Mais il eut des vertus;
Et c'est brillant d'éclat, que, mortel formidable,
    Il nous a combattus.

Ici que tout lui paie un tribut légitime!
    Objet de mes accens,
De tous nos Chevaliers que la justice anime,
    Il recevra l'encens.

« Chrétiens, s'écrie alors Sélima transportée,
« Par quels charmes puissans m'avez-vous enchantée!

« Faut-il que je contemple , et que j'admire en vous
« Les vainqueurs d'un amant expiré sous vos coups?
« Oui , la vertu commande, adoucit notre peine,
« Et pour vous, dans nos cœurs, triomphe de la haine ».

FIN DU CHANT HUITIÈME.

LA MALTÉIDE.

CHANT NEUVIÈME.

SOMMAIRE.

Sélima et ses compagnes se séparent des Chevaliers : elles emportent le corps de Dragut. — Leur arrivée dans le camp. — L'Eternel qui protège les Chrétiens, éloigne de Malte Soliman, qui s'empressait d'y aborder. — Ce prince, battu de la tempête, aborde dans une île délicieuse, où la Nature, qui l'y reçoit, lui apparaît sous une forme terrible. — Secours qu'elle accorde à ce monarque et aux soldats de sa suite. — Pendant que Soliman est retenu par un pouvoir suprême, Hascen, ardent ami de Dragut, demande à Mustapha qu'on lui rende des honneurs funèbres. — Réponse de ce dernier. — Querelle qui survient à ce sujet. — Violence à laquelle se portent ces deux bachas. — La Discorde souffle sa rage dans toute l'armée. — Entreprise de cette furie contre les Chevaliers et contre les Turcs. — Selima, inspirée par Mahomet, sauve le camp des périls qui le menaçaient.

CHANT NEUVIÈME.

Sélima cependant se lève, veut revoir
L'objet de son amour et de son désespoir.
Par égard toutefois pour l'auguste assemblée,
Imposant la contrainte à son ame troublée,
Cette jeune mortelle étouffe ses soupirs,
Et comprime en son cœur ses cuisans déplaisirs :
Elle n'écoute plus que la reconnaissance
Qu'elle doit aux Chrétiens pour tant de bienfaisance.
« Puissent les Dieux, dit-elle, illustres Chevaliers,
« Suspendre de vos murs les assauts meurtriers,
« Et sur nos Musulmans exercer tout l'empire
« De ses rares vertus qu'en vous l'Europe admire !
« Oui, puissent-ils enfin, après tant de malheurs,
« Sur moi seule du sort épuisant les rigueurs,
« Dans nos bachas vaincus par tant de bienveillance,
« Eteindre pour jamais tout desir de vengeance » !
    Exprimant de son cœur la sensibilité,
Lavalette en ces mots répond avec bonté :

« Quoiqu'ici chaque instant nous rende le carnage,

« Madame, de vos vœux j'accepte le présage.

« Puisse-t-il, quelque jour, en se réalisant,

« Servir et notre gloire et celle du Croissant !

« Mais quel qu'en soit l'effet, favorable ou funeste,

« L'Ordre, nos Chevaliers, tout ici vous atteste

« L'intérêt tendre et vif, l'éternel sentiment,

« Que pour vous nous inspire un saint attachement.

« Que vos vœux soient remplis ! allez, beauté touchante,

« Honorer d'un héros la dépouille sanglante :

« Et vous, brave Ottoman, moins injuste envers nous,

« Dites à votre chef, qu'en secret mon courroux,

« Trop justement fondé sur son ame inhumaine,

« Ne veut point toutefois rendre haine pour haine ;

« Qu'il sait se modérer à la voix de l'honneur ;

« Et que d'un ennemi respectant le malheur,

« Les Chrétiens renfermés au sein de leurs murailles,

« N'iront point de Dragut troubler les funérailles ;

« Qu'il peut, sans nulle crainte, y donner quelques jours ;

« De tant d'affreux combats interrompre le cours,

« Et rendre aux Musulmans un repos salutaire,

« A lui-même aujourd'hui devenu nécessaire ».

Il dit ; on se sépare, et Sélima soudain
Du fort des assiégés a repris le chemin.

Là, gissait de Dragut la dépouille mortelle.

Par un pieux motif, on veillait auprès d'elle.

De valeureux soldats, placés à ses côtés,

Gardaient ces restes chers, d'eux-mêmes respectés;

Tandis que sous sa pompe, un drap riche et funèbre

Tenait caché le corps de cet homme célèbre.

Objet de tant de vœux, aux Musulmans rendu,

On l'emporte au milieu d'un cortége éperdu :

Il part; et l'œil baigné d'un long torrent de larmes,

Chacun, en s'éloignant, exprimait ses alarmes.

Dix esclaves portaient le héros expiré :

Ils suivaient tristement un étendard sacré,

Flottant entre les mains du mortel respectable,

Qui d'abord déploya ce signe inviolable :

Il guide le cortége, et des remparts du fort,

Morne, les yeux baissés, dans le même ordre il sort.

    Au bruit des vains regrets qui troublaient son silence,

Vers son armée en deuil ce Musulman s'avance :

On court le recevoir : un saint empressement

Dans les cœurs alarmés éclate en ce moment.

Chacun sur le héros déposé dans sa tente,

Vient pleurer de son chef l'amitié bienfaisante :

On n'entend que sanglots, qu'importunes clameurs.

Le désespoir se mêle à ces tristes rumeurs,

Et remplit tout le camp de cris, de voix plaintives,
Chers et pieux garans des douleurs les plus vives.
Mais le fils de la nuit, en descendant des cieux,
Des Musulmans bientôt appesantit les yeux :
Il calma leurs chagrins, jusqu'à l'heure où l'aurore
Vint du poids de leurs maux les accabler encore.
  Cependant l'Eternel, qui des faibles humains
Juge, condamne ou sert à son gré les desseins,
De la céleste voûte, empire du tonnerre,
Daigne laisser tomber ses regards sur la terre :
En les tournant vers Malte, il y voit d'un côté,
Des guerriers pleins d'honneur, de générosité,
Dont la mâle vertu, la constante sagesse
Le touche dès long-tems, et pour eux l'intéresse ;
De l'autre, il aperçoit, en de mortels soucis
Les Musulmans plongés, par la haine endurcis,
Et dont le cruel chef, dans son impatience,
Brûlait de signaler une injuste vengeance :
Il découvre plus loin, sur la plaine des mers,
Un monarque qui court réparer ses revers.
Mais à de tels projets ce puissant Dieu s'oppose :
Des élémens contre eux aussitôt il dispose.
Seul il sait asservir la nature à ses loix :
Alors qu'il lui commande, elle tremble à sa voix ;

Et ce maître suprême, en réglant ses caprices,
De l'aveugle destin suspend les injustices :
Il a voulu. Soudain l'Aquilon sur les eaux
S'élance, et du sultan repousse les vaisseaux.
Détourné dans sa course, et battu par l'orage,
Soliman cherche en vain quelque prochain rivage.
Sans espoir de salut, sur la vague en fureur
Il erre, lui, les siens, victimes du malheur.
Contre lui déchaînée, une affreuse tempête
Mugissait sous ses pieds et tonnait sur sa tête.

Enfin de l'Eternel les décrets sont remplis ;
Et la Nature, émue à la voix de son fils,
Aussitôt se résoud à sauver de l'abîme
Un sultan qu'elle sert, et qu'elle-même opprime.
Déjà, par des secours et prompts et merveilleux,
Elle a su préserver des jours si précieux.
Soumise toutefois au Dieu qui lui commande,
Elle n'exauça point une injuste demande.
Mais pour calmer son fils, le séduisant Amour,
Elle admet Soliman dans un riant séjour.
Par elle, ses vaisseaux échappés du naufrage,
Sont à l'instant poussés vers un pompeux rivage.
L'ancre y mord : on descend, on s'épand sur ses bords,
Et des cœurs dans la joie éclatent les transports.

Qui ne se réjouit, en entrant dans cette île,
De trouver un paisible et salutaire asile?
Un doux calme s'y joint à la splendeur des cieux.
Tout y flatte à la fois et le cœur et les yeux :
On s'avance, et le charme, à chaque pas, s'augmente,
On y sent des Zéphirs l'haleine caressante;
Et l'œil partout y voit, sous la feuille éclatans,
Et les fruits de l'automne et les fleurs du printems.
Là, l'olivier, le mirthe étalent leur parure.
Sous leur ombre serpente une eau tranquille et pure,
Dont les heureux détours embrassant divers lieux,
Y vont entretenir un frais délicieux.
De trésors variés magnifique assemblage !
Sous mille et mille aspects, leur ravissante image
Brille à travers ces champs, parmi ces bosquets verts,
Qui jamais n'ont connu l'outrage des hivers.
Tout y croît sans culture; et là, dans l'abondance,
Règne de l'âge d'or la première innocence.
   Pour de tristes humains que poursuit le malheur,
Quel fortuné séjour ! quel asile enchanteur !
Dans son étonnement, le sultan qui l'admire,
En secret s'abandonne au charme qu'il inspire.
La paix au même instant s'insinue en son cœur,
Où son revers le pousse il trouve le bonheur ;

Et dans ses vœux au ciel, déjà la Providence
A reçu le tribut de sa reconnaissance.
Sur des tapis de fleurs il se livre au repos.
L'espoir qui le fuyait sourit à ce héros :
Il oublie, un moment, la perte qui l'accable,
Et se confie aux soins d'un destin secourable.
Son exemple est suivi. Janissaires, agas,
Non loin de ce monarque ont suspendu leurs pas.
Là, des champs qu'ont parés les mains de la nature,
Leur offrent pour coussins des touffes de verdure.
Mille arbres odorans couronnent ces beaux lieux.
Le parfum de leurs fruits y monte jusqu'aux cieux ;
Et leurs rameaux au loin étendant leur feuillage,
Y font régner le frais d'un éternel ombrage.
　　Mais quel son formidable a soudain retenti ?
De l'abîme des mers, trois fois il est sorti :
Au fracas des volcans ce son bruyant ressemble ;
Et de ses longs éclats tout le rivage tremble.
L'onde écume, mugit, s'entr'ouvre... et de son sein
Sort un colosse énorme, effrayant et divin.
Sa tête est un rocher, un mont inaccessible.
Pour cheveux, des forêts ceignent son front terrible.
Ses yeux sont deux fourneaux d'où partent mille éclairs.
Sa bouche pour haleine a le souffle des airs,

Et de ses larges flancs, s'échappent les tempêtes
Qui versent le désastre et la mort sur nos têtes.
En lui circule un feu vivifiant et pur.
Sa main droite des cieux soutient le vaste azur ;
Et l'autre, loin de-là, sur les flots étendue
Indique sa puissance en tous lieux répandue.
Monstrueux dans ses traits, tel qu'un géant altier,
Ce colosse étonnant semble être un monde entier.
De ses pores ouverts jaillissent des fontaines ;
Et de fougueux torrens bouillonnent dans ses veines.

Qu'il inspire d'effroi ! chefs, soldats, éperdus,
Dans leur trouble d'abord demeurent confondus :
Ils sont tous prosternés. Mais le colosse immense
Dit au sultan : « Mortel, reconnais ma puissance.
« Esprit, corps à la fois, je suis tout l'univers.
« Moi-même je commande à ces mondes divers,
« Qui, de ma main guidés, se meuvent dans l'espace,
« Où d'un Dieu créateur chacun reçut sa place.
« Vois la nature en moi. Génie universel,
« J'exerce en souveraine un pouvoir éternel.
« C'est par moi que tout vit, que tout mortel respire.
« Peuples et Rois, tout est sujet de mon Empire.
« Que sont auprès de moi les fragiles humains ?
« Des êtres impuissans, quoique pourtant si vains.

« Mais calme ta frayeur, et sache, de ma bouche ,

« Quel intérêt pour toi me commande et me touche.

« Tes vertus, tes revers t'ont valu mes secours.

« Mes soins dans la tempête ont veillé sur tes jours :

« Avant qu'au champ d'honneur la gloire ne l'appelle ,

« Reprends dans ces climats une force nouvelle.

« Je t'y veux prodiguer mes plus chères faveurs,

« Et pour toi des destins tempérer les rigueurs ».

Il dit et disparaît. Tout-à-coup, ô merveille!

Est-ce un enchantement? jamais scène pareille

Ne frappa Soliman, dont aussitôt les yeux

Ont vu d'objets nouveaux se peupler ces beaux lieux.

Devant lui brille un chœur de beautés demi-nues ,

Nymphes de ces bosquets , bergères ingénues ,

Dont le cœur simple, exempt de violens desirs ,

Sans cesse s'abandonne à d'innocens plaisirs.

L'Amour guidait leurs pas, sans qu'il osât sur elles

Essayer le pouvoir de ses flèches mortelles ;

Il était sans bandeau, sans arc et sans carquois :

Une lyre en ses mains résonnait sous ses doigts ;

Mais il donne l'exemple. Aussitôt ses compagnes

Se dispersent au sein de ces belles campagnes :

Elles vont de Pomone y chercher les tributs ;

Y cueillir des trésors aux rameaux suspendus.

Toutes de fruits, de fleurs remplissent des corbeilles.
Tel on voit au printems un jeune essaim d'abeilles,
Qui, dans les champs de Flore, épars et voltigeant,
Y moissonne et la cire et le miel odorant.

Enfin de la beauté, reine de ces bocages,
Amour vient au sultan présenter les hommages.
Les Nymphes à ses pieds déposent leurs présens,
Des mets d'un goût exquis, des fruits rafraîchissans,
Dont l'aspect varié, dont l'offrande imprévue
Du monarque surprend et réjouit la vue.
Agréant, de leur part, ces précieux secours,
Il en fait à l'instant le soutien de ses jours ;
Et prompte à signaler son heureuse influence,
De l'importun besoin triomphe l'abondance.
Délicieux banquet, non par l'art apprêté,
Et toutefois pompeux dans sa simplicité !
Cent beautés, à l'envi, d'une main tributaire
Au monarque charmé prêtaient le ministère.
Ainsi, lorsque les Dieux, au sublime séjour,
Du maître du tonnerre allaient grossir la cour,
Pour céleste échanson, la jeune Hébé choisie,
Leur versait le nectar et servait l'ambroisie.

Ces Nymphes au sultan, avec non moins d'appas,
Présentaient un frugal et bienfaisant repas :

Elles n'y versaient point cette liqueur traîtresse
Qui porte dans nos sens et le trouble et l'ivresse,
Mais des sucs avec art exprimés par leurs mains,
Capables d'affranchir du trépas les humains :
Breuvage accoutumé de ces doctes mortelles,
Il est pompeusement distribué par elles.
Chacun des Musulmans eut part à leurs bienfaits.
Qui d'eux n'en ressentit les merveilleux effets ?
Tous de ces mets choisis, doux présens de la terre,
Reçurent dans leur sein le baume salutaire.

Tant de précieux dons, justement prodigués,
Avaient rendu la force à leurs corps fatigués.
D'étonnement, d'espoir, leur ame était ravie ;
Ils bénissaient la main qui leur rendait la vie.
Mais pour flatter ces cœurs au-delà de leurs vœux,
Quelle gaîté se mêle à de folâtres jeux ?
Avec l'heureux plaisir, enfant de l'abondance,
Aux douceurs du festin a succédé la danse.
Amour reprend sa lyre, aussitôt cent beautés
De partir en cadence, à pas précipités.
Leurs pieds, qu'un art charmant presse, agite avec grace,
De l'herbe molle à peine effleurent la surface.
Qu'elles embellissaient ce tranquille séjour !
Telle, devant nos yeux, dansant avec l'Amour,

Tantôt à ses côtés , et tantôt sur ses traces ,
Dans le temple des Arts, Psyché montre ses grâces.
  Tandis que l'Éternel, par de puissans moyens,
Détourne Soliman des rivages chrétiens ,
Hascen , que dirigeait une amitié constante ,
Court, cherche Mustapha, l'aborde dans sa tente,
Et tout ému lui dit : « Seigneur, pour un ami,
« Que nos pleurs n'ont encore honoré qu'à demi,
« Tout réclame la pompe et les devoirs funèbres
« Qu'exigent ses vertus et ses travaux célèbres.
« Notre camp les demande ; et durant quelques jours ,
« Veut à ses justes pleurs donner un libre cours...»
« Est-ce à lui d'ordonner? répond avec colère
« L'impatient vieillard, à ses desirs contraire.
« Que Dragut soit par vous inhumé , j'y consens ;
« Mais pour de vains honneurs perdre un précieux temps
« Laisser à l'ennemi, pendant ces funérailles,
« Fortifier ses tours , relever ses murailles,
« C'est trop en exiger. Nul n'obtiendra de moi
« Que l'on trahisse ainsi son devoir et son Roi ».
«Vieillard!.... et voilà donc tout le prix du courage!
« Repart Hascen, blessé d'un si sanglant outrage :
« Est-ce ainsi que l'honneur reconnaît les travaux
« D'un mortel, dès long-tems si cher à vos égaux !

« On sait de son rival la basse jalousie ;

« De quel dépit son ame est en secret saisie.

« Qu'il achève, l'ingrat! que, jusqu'après sa mort,

« Il poursuive un héros dont tout pleure le sort ;

« Mais qu'il n'espère point, dans ses refus profanes,

« D'outrager devant nous impunément ses mànes

« J'en atteste à la fois le ciel et l'amitié !

« Dragut ne sera point lâchement oublié.

« Moi, ses soldats, les miens, armés pour sa défense,

« Préviendrons une injuste et téméraire offense. »

    « Jeune homme, réprimez de criminels transports,

« Réplique le vieillard ; et jusque dans ses torts,

« Respectez un bacha, dont le pouvoir suprême

« Peut, lorsqu'il lui plaira, s'étendre sur vous-même».

« Sur moi ! reprend Hascen, bouillant et furieux,

« Eh! qui donc m'asservit à ton joug odieux ?

« Connais mieux ton égal, il rit de ta menace,

« Et rougit d'endurer un tel excès d'audace :

« En vain ton cœur m'oppose un souverain pouvoir ;

« J'ai, pour le balancer, Dragut et mon devoir.

« Que dans l'espoir honteux qui t'aveugle et te flatte

« Tout mon ressentiment sur l'heure même éclate !

« Amitié, nœud sacré qui serres les grands cœurs !

« Ajoute, s'il se peut, à mes justes fureurs ;

« Et si ton ennemi méconnaît ta puissance,
« Fais-lui de tes transports sentir la violence. »
« C'en est trop. Arrêtez, soldats de Soliman,
« S'écriait Mustapha, ce superbe Ottoman !
« Que pour lui nul égard aujourd'hui n'en impose !
« Son rang ne m'est plus rien après tout ce qu'il ose ;
« Saisissez-le... » Bientôt, craint autant que haï,
Ce farouche vieillard allait être obéi ;
Mais Hascen a déjà levé son cimeterre.
Son cœur n'écoute plus qu'une aveugle colère.
Des gardes du bacha, dont il brave l'effort,
Il veut ou triompher, ou signaler sa mort.

Dans le camp, menacé de sa bouillante rage,
La Discorde à l'instant fond pareille à l'orage.
La foudre la précède, et parmi les éclairs,
Sa descente à grand bruit s'annonce dans les airs.
La nature en frémit. Sur sa rive sanglante,
Malte voit redoubler son deuil et l'épouvante.
L'implacable Déesse, en ce triste séjour,
De l'horreur de sa vue a fait pâlir le jour.
Du courroux des bachas, de leurs débats charmée,
Elle en porte aussitôt la nouvelle à l'armée.
Là, sa bouche vomit le fiel et le poison.
Sa voix dans tous les cœurs étouffe la raison :

Elle répand au loin son haleine infectée ;
Et la cruelle enfin par sa rage emportée,
Court, soufflant à la fois le tumulte et l'horreur,
Dans les esprits émus imprimer la terreur.
Les enfers déchaînés suivent cette furie :
Elle obsède l'armée, elle vole, s'écrie,
Exagère partout avec malignité ,
L'affront fait à Dragut par un chef irrité.
Aux élans redoublés de sa voix infernale,
Naît, fermente, s'accroît une audace brutale.

C'était peu d'enfanter, d'exciter ces rumeurs,
D'oser dans tout le camp promener ses fureurs ;
Jusque sur les Chrétiens, par un noir artifice,
Elle veut que sa rage à la fois s'assouvisse.
Pour hâter ses projets, elle part, et soudain
Court vomir dans un fort son odieux venin.
Là, venait d'arriver un neveu du grand-maître.
Jeune, et dans les combats avide de paraître,
Sans cesse il ne songeait, n'aspirait qu'au bonheur
De courir aux assauts, d'en affronter l'horreur.
Un ami partageait son audace guerrière :
Appelé par son goût dans la même carrière,
Le jeune Polastron, esprit non moins ardent,
Etait de ses secrets le zélé confident.

De leur pressant desir, avec la confiance,
Tous deux ont dans les cœurs jeté l'impatience.
Chefs, soldats, tous brûlaient d'aller au champ d'honneur
Signaler des Chrétiens l'indomptable valeur.
La Discorde en profite ; et sa perfide adresse
Et caresse et séduit une ardente jeunesse.
Tout ce que la cruelle en ce moment lui dit
Irrite son envie, au péril l'enhardit ;
Et ses chefs, tant leur ame est par elle abusée,
Se promettent d'avance une victoire aisée.
De deux fiers ennemis le courroux menaçant ;
La fureur du soldat ; le désordre croissant ;
Tout les flatte ; tout sert l'infernale Déesse,
Qui, colorant les mots de sa bouche traîtresse,
A devant eux déjà, pour cacher son dessein,
Pris d'un génie heureux l'extérieur divin.

Mais à l'instant les airs se couvrent de nuages,
Dont les flancs sont tout prêts à vomir les orages.
L'obscurité par eux sur les murs se répand,
Et du front des remparts, dans la plaine s'épand.
A la faveur de l'ombre et d'un profond silence,
Vers l'armée en tumulte un bataillon s'élance :
Il est par Lavalette et Polastron conduit.
Sur leur tête soudain quel effroyable bruit !

Dans la nue embrasée éclate le tonnerre.
Des cris, des hurlemens épouvantent la terre.
C'est d'un monstre odieux le triomphe fatal :
A sa rage applaudit un cortége infernal ;
Et la Discorde prête à dévorer sa proie,
Exprime, en la voyant, sa criminelle joie.
   Le camp, dans sa rumeur allait être surpris.
Vers lui marchaient, volaient des cœurs de gloire épris,
Dont la soif des combats, l'approche inattendue,
Menaçait son enceinte alors peu défendue :
Et le tumulte encore y croît par le retour
Du monstre qui prétend y fixer son séjour.
A sa vue, aux accens de sa voix redoutable,
Dans les esprits l'emporte une rage coupable :
On veut venger Dragut et son illustre ami.
D'un tel désordre en vain l'amiral a frémi :
Il part, hâte ses pas, arrive dans la tente
Où l'appelle à grands cris la Discorde sanglante.
   Que devenait l'armée, en ces affreux momens,
Si, touché du malheur de ses chers Musulmans,
Mahomet n'eût quitté le séjour qu'il habite,
Pour appaiser des cœurs que tant de fiel irrite ?
Il descend dans le camp sous l'aspect d'un mortel,
Se montre à Sélima ; puis, d'un ton paternel,

Il s'écrie : « O ma fille ! au nom de la patrie ;

« Au nom de ces vertus dont ton ame est nourrie,

« Cours te jeter aux pieds de nos chefs divisés,

« Calmer de leur courroux les transports insensés,

« Et par l'heureux pouvoir, par l'éclat de tes charmes,

« Prévenir à l'instant de sanglantes alarmes ;

«Va, cours, fais, sans tarder, ce que le ciel prescrit : »

Il disparaît, et laisse en elle son esprit.

Sous les traits empruntés par le sacré prophète,

Sélima de son Dieu reconnaît l'interprète :

Elle cède à sa voix, et, d'une sainte ardeur,

Court de deux ennemis appaiser la fureur.

Elle arrive : elle voit, ô spectacle terrible !

La Discorde, en ce trouble, en ce tumulte horrible,

Les cheveux hérissés, les yeux étincelans,

Lancer sur les bachas ses reptiles sifflans.

Dans la main de ces chefs brillait un fer impie.

De quels maux leur querelle allait être suivie !

Sélima pousse un cri, s'élance au milieu d'eux,

Et par mille combats, mille efforts généreux,

Par ses discours, ses pleurs, son étonnant courage,

Elle seule en impose, et conjure l'orage.

Hascen est attendri des accens de sa voix,

Et son rival ému pour la première fois :

« Ami de Soliman, dont la mâle vieillesse

« A si souvent, dit-elle, attesté la sagesse,

« Ne montrez point une ame insensible à mes pleurs.

« Je tombe à vos genoux sous le poids des douleurs.

« Que le ciel qui m'inspire, en ce moment vous touche!

« Pour vous en supplier, il emprunte ma bouche :

« Il vous conjure, au nom de vos brillans travaux,

« De ne pas oublier la cendre d'un héros ;

« De permettre, seigneur, qu'un juste et prompt hommage

« D'un généreux mortel honore le courage.

« Ne nous refusez point une telle faveur :

« Ou ce fer, de ma main, se plongeant dans mon cœur,

« D'un affront préviendra la trop funeste suite,

« Et du sort contre moi finira la poursuite.

« Voyez où nous réduit un aveugle courroux ;

« Et sauvez des amis qui n'espèrent qu'en vous ».

    De si pressans discours ; ses prières, ses larmes,

Sa résolution, le pouvoir de ses charmes,

L'ascendant que lui donne un si beau dévoûment ;

L'appui de Mahomet, l'honneur, le sentiment,

Commandant au dépit, maîtrisant la colère,

Ont produit sur les cœurs un retour salutaire :

Ils triomphent enfin des esprits irrités,

Et du fier Mustapha changent les volontés.

Toutefois ce vieillard garde un profond silence :
Il s'étonne ; il admire avec quelle puissance
Cette jeune mortelle a charmé son dépit,
Ebranlé son courroux dont le feu s'assoupit.
Le calme enfin renaît ; et la Discorde en fuite,
De rage frémissant, s'éloigne avec sa suite.
De même parmi nous, au retour du printems,
On voit les noirs frimas, les furieux Autans
Fuir nos champs émaillés, et céder leur empire
Au souffle caressant de l'amoureux Zéphire.

FIN DU CHANT NEUVIÈME.

LA MALTÉIDE.

CHANT DIXIÈME.

SOMMAIRE.

Séduit par les promesses insidieuses de la Discorde, un bataillon, sous la conduite de Lavalette, neveu du grand-maître, et de Polastron son ami, sort d'un des forts de l'île, dans l'espoir de surprendre l'armée turque. — Il est prévenu et attaqué par Hascen. — Choc terrible des Chevaliers et des Musulmans. — Le jeune Lavalette et Polastron font des prodiges de valeur. — Dévoûment de ces deux amis. — Leur fin généreuse et celle de leurs compagnons. — Hascen rentre dans le camp. — Il presse les funérailles de Dragut. — Description de ces cérémonies funèbres et nocturnes. — Arrivée de Soliman dans Malte. — Sa présence ranime les soldats, et fait craindre aux Chevaliers la perte de leurs forts. — Chagrins du grand-maître. — La Gloire lui apparaît, lui révèle les destinées de Malte, et relève son courage dans le malheur dont il est menacé, etc.

CHANT NEUVIÈME.

Cependant vers le ciel s'élancent mille cris :
« Aux armes, compagnons ! voici les ennemis » !
S'écria tout-à-coup une garde avancée,
D'étonnement saisie, et de frayeur glacée :
A peine un faible jour qui trahissait les yeux,
Luttait contre la nuit répandue en ces lieux.
Une subite ardeur fait taire les alarmes :
On se presse, on s'agite, on crie, on vole aux armes.
Tels sont sur un vaisseau les cris des matelots,
Quand les vents déchaînés ont soulevé les flots :
On court plier la voile, on s'excite au courage ;
On s'épuise en efforts contre ceux de l'orage.
   Mais déjà Piali dans la plaine accouru,
Aux regards des Chrétiens tel qu'un foudre a paru :
Hascen s'est joint à lui. Soudain quel choc terrible !
D'abord, plein d'une audace à qui tout est possible,
Quoiqu'en nombre inégal, le bataillon surpris
Se défend, sans que rien ébranle ses esprits.

Le jeune Lavalette aux deux bachas oppose
Tout ce que la valeur dans le désespoir ose.
Près de lui Polastron combat au premier rang.
Cependant devant eux coulent des flots de sang ;
Et long-tems leur vaillance entretient le carnage
Qu'ils font des Ottomans frappés d'un tel courage :
Encore plus hardis à l'aspect du danger,
Où leur guerrière ardeur vient de les engager,
Ils ne prétendent plus, dans leur lutte inégale,
Qu'à trouver une mort aux Musulmans fatale.

    L'amitié les soutient. Bouillans, impétueux,
L'un pour l'autre ils faisaient mille efforts généreux.
Si l'un est menacé, l'autre aussitôt partage
Le péril qu'il affronte, et dont il le dégage.
C'est à qui du trépas sauvera son ami.
Par un tel dévoûment, ce couple à l'ennemi,
Plus redoutable seul qu'une phalange entière,
Cent fois aux Musulmans fait mordre la poussière.
Hascen, comme un lion échappé sur ces bords,
Se fait jour à travers les mourans et les morts,
S'avance ; puis d'un bras que pousse la vengeance,
Des deux jeunes guerriers force la résistance :
Il blesse Lavalette. Aussitôt Polastron,
Dont l'amitié transporte, égare la raison,

Au-devant du bacha, court, furieux s'élance
Et soutient de ses coups toute la violence.
Pour son ami, bravant un homicide acier,
Il lui fait de son corps un puissant bouclier.
Mais tandis que le sang jaillit de sa blessure,
Lavalette, insensible aux douleurs qu'il endure,
Veut encor résister, veut par d'heureux efforts,
Et défendre et couvrir Polastron de son corps.
L'un et l'autre à l'envi se disputent la gloire
D'un trépas aussi cher pour eux que la victoire,
Qui de l'un d'eux retarde, au moins pour un instant,
Le rigoureux destin qui tous deux les attend.

Mais dans ses vains efforts Lavalette succombe.
Trois fois il se relève, et trois fois il retombe :
Enfin couvert des flots du sang qu'il a versé,
Aux pieds de Polastron il demeure épuisé.
Plus ardent toutefois, en ce moment funeste,
Son jeune ami défend le souffle qui lui reste.
Que fera-t-il, privé de son fidèle appui ?
Avec plus de fureur tout combat contre lui.
Hascen s'est acharné. Mais soulevant sa tête,
Lavalette l'implore, et par ses vœux l'arrête.
« Vaillant bacha, dit-il, en lui tendant les bras,
« Je vous demande grâce ; au nom de mon trépas,

« Content d'une victoire où par vos coups j'expire,

« Epargnez mon ami... » « Qui ! moi, que je respire !

« A crié Polastron, lorsque tu m'es ravi !

« Non, non. De mon trépas le tien sera suivi ».

Hascen, à ce discours , sent fléchir sa colère ;

Mais tandis qu'en son cœur ce bacha délibère,

La foule qui s'accroît, dans ses flots meurtriers,

Enveloppe , confond ces deux jeunes guerriers.

Si ma muse avec vous doit prétendre à la gloire,

Amis , qu'elle éternise un jour votre mémoire !

Qu'elle ajoute vos noms à ceux de ces mortels,

Dont la rare amitié mérite des autels !

Alors, de quelle horreur s'augmente encor le trouble !

Autour de ces guerriers le carnage redouble.

Pour venger leur trépas, et prompts et menaçans,

Les Chrétiens réunis poussent des cris perçans ;

Et pleins d'une fureur qui veut être assouvie ,

A leurs chefs expirés courent donner leur vie.

La Discorde, témoin d'un si sanglant revers ,

De hurlemens encore épouvante les airs.

Mille cris de sa rage expriment l'allégresse.

Son noir cœur s'applaudit de sa scélératesse ;

Et pour mieux contempler son horrible attentat,

A la face du jour elle rend son éclat.

Mais l'intrépide Hascen, au sein d'un tel carnage,
De sa noble amitié hâte le témoignage.
« Laissons, dit-il, le soin d'ensevelir ces morts
« Aux Chrétiens qui déjà les pleurent dans leurs forts;
« Et pendant les honneurs qu'à Dragut on va rendre,
« Ne craignez point, soldats, qu'ils nous viennent surprendre.
« Vous pouvez, quand le deuil tient leurs cœurs abattus,
« Inhumer votre chef, et pleurer ses vertus ».
Il dit; puis il revole, où, respirant le zèle,
A de pieux devoirs son amitié l'appèle :
Il ordonne la pompe, en presse les apprêts ;
Et pour le saint convoi chefs et soldats sont prêts.
    Cependant Mustapha, guidé par la prudence,
Des longs remparts du camp raffermit la défense :
Il en accroît la garde ; et ce soin prévoyant
Rassure son esprit jaloux et méfiant.
D'un terrain vaste ensuite il parcourt l'étendue :
Il observe, il prescrit. Rien n'échappe à sa vue ;
Et partout, au besoin, des bataillons rangés
Veillent à repousser l'effort des assiégés.
    La nuit avait déjà ramené les ténèbres.
L'imposante noirceur de ses voiles funèbres,
Elle-même s'unit au lugubre appareil
Du convoi qui s'avance, et chasse le sommeil.

A la pâle lueur des torches funéraires ;
Au bruit, aux sons plaintifs des sinistres nacaires,
Sur un lit, par le zèle et le deuil apprêté,
L'infortuné Dragut est lentement porté.
Des héros sur son front brille encor la couronne.
Jusqu'après son trépas, quel éclat l'environne!
Des armes, des lauriers, emblèmes glorieux,
Attestent sa vaillance et ses faits belliqueux.
Hascen, en lui donnant le dernier témoignage
D'un amour qu'en son cœur nul autre ne partage,
Voulut que l'amitié, par le faste et les pleurs,
Signalàt ces pieux et funèbres honneurs.
Mais sous quel sombre aspect tant de pompe est offerte
D'un crèpe noir, on voit chaque enseigne couverte ;
Et les coursiers du mort, le crin libre et flottant,
Traîner le luxe vain d'un harnois éclatant,
Ornement autrefois de leur démarche altière,
Qui plus humble aujourd'hui sillonne la poussière,
Rampe, et gage expressif d'un véritable deuil,
Dit le sort d'un héros si voisin du cercueil.

   Dans ce pieux convoi, par un saint privilége,
Des ministres sacrés présidaient le cortége :
Ils mêlaient à leurs chants des plaintes, des regrets,
Et du vaillant Dragut honoraient les cyprès.

Dans leur grave maintien, dans leur démarche lente,
Ils donnaient de leur peine une preuve touchante.
Du héros musulman tous pleuraient les vertus.
Après eux, consternés, les regards abattus,
S'avançaient les bachas, dont le profond silence
De leur secret tourment taisait la violence.
Non loin d'eux, par des cris qui déchiraient les cœurs,
La triste Sélima signalait ses douleurs.

Ses compagnes, comme elle, avaient voilé leurs charmes,
Et de leur tendre amour exprimaient les alarmes.
Des guerriers les suivaient. Mille et mille soldats,
Encore tout émus de leurs derniers combats,
Déplorant en secret les malheurs de la guerre ;
Le front courbé, l'œil morne et fixé vers la terre,
Cheminaient, au bruit sourd d'un airain gémissant,
Dont les échos plaintifs multipliaient l'accent.
Dans leur deuil, agités de la même pensée,
Chacun de ces mortels tenait l'arme baissée.
C'était, suivant l'usage, une marque d'honneur,
Un signe de respect, d'hommage et de douleur.
Tous en ordre filaient. Dans sa marche imposante,
Leur foule était pareille à la vague dormante,
Qu'un paisible Aquilon soulève mollement
Dans les champs aplanis de l'humide élément.

Long-tems, comme le flot qu'un autre flot précède,
Le soldat au soldat à tout moment succède.

Trois fois, pleurant Dragut enlevé sans retour,
De l'enceinte du camp l'ennemi fit le tour;
Et trois fois, les rochers sourdement répondirent
A cent bronzes tonnans, dont leurs antres gémirent.
Tant de sons prolongés réveillaient les échos,
Et du rivage, allaient expirer sur les flots.
Enfin, dans un tombeau, d'une simple structure,
Dragut, non loin du port, reçoit la sépulture.
Là, de mille flambeaux la funèbre clarté
De la nuit sombre encor perçait l'obscurité.
Le faîte cependant orné d'une couronne,
Sur le corps du bacha s'élève une colonne:
On y place au-dessus l'image du héros;
Autour de lui des fleurs, des lauriers, des pavots,
De sinistres cyprès, des lys, des roses même,
Du cours de notre vie ingénieux emblème.

Ainsi, ce fier mortel au tombeau descendu,
Dans l'ombre et le néant demeure confondu.
Parmi les Musulmans règne un morne silence,
Mais toujours maîtrisé par son impatience,
Leur vaillant chef s'écrie: « Amis de Soliman,
« Illustres défenseurs de l'Empire ottoman,

« Compagnons de Dragut, pleurez ici sa perte ;
« Mais qu'à de vains regrets trop lâchement ouverte,
« Votre ame n'aille point, au lieu de le venger,
« Eviter des hasards la gloire et le danger.
« D'impérieux travaux dans Malte vous attendent.
« Dragut vous les prescrit, ses mânes les demandent.
« Satisfait et comblé de vos derniers honneurs,
« Lui-même il vous exhorte et commande à vos cœurs.
« Soldats, ne perdons point un moment favorable.
« Pour venger votre chef, qu'un sommeil secourable
« De vos corps fatigués répare la vigueur,
« Et de tant de guerriers ranime la valeur ».
Il dit, on se retire. Une garde puissante
Veille auprès du tombeau sous une vaste tente ;
Et les bachas, livrés à de nouveaux projets,
Vont de Morphée aussi partager les bienfaits.
    Mais avant qu'au héros plongé dans les ténèbres,
On prodiguât les pleurs et les accens funèbres,
Chez les Chrétiens frappés d'un coup inattendu,
Quel deuil avec l'effroi s'est déja répandu ?
Le rigoureux destin du jeune Lavalette,
Celui de Polastron, leur cruelle défaite ;
Tant de guerriers perdus par leur témérité,
Tenaient dans ses remparts tout un peuple agité.

Le grand-maître sur-tout en proie à la tristesse,
Donnait aux cris du sang des signes de tendresse :
Il pleurait un neveu, mortel infortuné.
Mais toujours par l'honneur ce prince dominé,
Commande à ses chagrins, se livre à son courage,
Et de son front écarte un douloureux nuage.
Quelque soin qui l'obsède, il a prescrit d'abord
D'inhumer les guerriers que lui ravit la mort.
Mais la nuit de son crêpe habillant l'atmosphère,
S'oppose à ces devoirs que sur l'heure on diffère ;
Et le jour qui va suivre à peine a-t-il paru,
Que des forts, dans la plaine en foule on a couru.
La mort partout régnait sur ce champ des batailles :
On y fait des Chrétiens les tristes funérailles ;
Et la terre, pour eux, en s'ouvrant au trépas,
Recèle dans son sein d'infortunés soldats.

    Leurs vaillans chefs comme eux, ravis à la lumière,
Non loin de là, gissaient couchés sur la poussière.
Tous deux, brillans de gloire, étaient dans leur printems ;
Tous deux joignaient la grâce à la fleur de leurs ans.
Mais, ô qu'indignement le cruel sort des armes
A tout à coup terni l'éclat de tant de charmes !
Leur corps avec le souffle a perdu sa chaleur.
Sur leur front épandue, une froide pâleur

Des voiles du trépas a couvert leur visage.

Leurs yeux d'un cœur ardent ne seront plus l'image.

Le feu dont ils brillaient s'est éteint pour jamais.

La mort a sans retour moissonné leurs attraits ;

Et tous deux, dans le sang qui teint leur chevelure,

D'une vile poussière éprouvent la souillure.

Tel l'arbre de Vénus, atterré par les vents,

Languit et perd l'éclat de ses rameaux vivans :

Jadis l'objet des soins des Nymphes et de Flore,

Il ne se ressent plus des bienfaits de l'aurore.

Son front pâle et flétri, dépourvu d'aliment,

Ravit à nos jardins leur plus bel ornement :

Il meurt ; et dépouillé de son riant ombrage,

De l'Aquilon fougueux il atteste l'outrage.

   Après les tristes soins et les devoirs sacrés

Rendus dans la campagne aux Chrétiens expirés,

On emporte leurs chefs au centre des murailles,

Où tous deux les attend l'honneur des funérailles.

Alors, quoiqu'il blâmât leurs imprudens projets,

Lavalette leur paye un tribut de regrets.

Qu'à son cœur paternel leur mémoire était chère !

Il plaignait, il louait leur audace guerrière....

Mais de quelles rigueurs, en de si noirs chagrins,

Contre ce prince encor vont s'armer les destins !

En désarmant le ciel, un sultan redoutable
Dès ce jour en obtient un sort plus favorable.
Muse, pour le chanter, ranime tes accens,
Et peins-nous sur les flots ses vaisseaux menaçans.

    Sans un secret dépit, enfant de l'impuissance,
Soliman n'a pu voir échouer sa vengeance.
Son grand cœur toutefois n'en est point rebuté.
Ses revers ont accru son intrépidité.
Trouvant dans sa constance une force nouvelle,
Il brûle d'arriver où son courroux l'appelle,
De sauver du repos ses valeureux soldats,
Comme lui dévorés de la soif des combats.
Mais, ô flatteur espoir! soudain le Dieu suprême,
Qui du dernier malheur le menaça lui-même,
Cesse sur ce héros d'appesantir sa main,
Et l'abandonne aux lois de l'aveugle destin.
La Nature aussitôt, par l'Amour inspirée,
Commande aux habitans de la voûte azurée:
A sa voix, sur les flots sont accourus les vents,
Non pas ces fils d'Eole, Aquilons violens,
Dont le souffle orageux, dont la bruyante haleine
Exerce sur les mers une rage inhumaine.
Ce sont d'heureux Zéphirs, d'invisibles esprits,
Enfans aériens, d'Amphitrite chéris,

Qui , du savant pilote abrégeant les voyages ,
Le portent sans périls aux plus lointains rivages.
  Soliman de leur aide a soudain profité :
Il fend l'onde , il s'éloigne , il vogue en liberté.
Vers Malte il est conduit. Dans sa course rapide ,
Il traverse les champs de l'élément liquide.
L'espoir brille à ses yeux, enflamme sa valeur,
Et lui montre le terme où tendait sa fureur.
  Enfin l'île paraît.... aussitôt l'airain tonne :
Aux plus joyeux transports la flotte s'abandonne ;
Et du sultan déjà l'appareil imposant
Fait briller dans le port les signes du Croissant.
Quelle surprise alors ! que de cris d'allégresse
Succèdent dans l'armée à la sombre tristesse !
Un monarque puissant arrive à son secours :
Il vient de ses chagrins interrompre le cours ;
Réparer des malheurs causés par son absence ,
Et des cœurs abattus relever l'espérance.
Ainsi , lorsque porté sur l'aile des Zéphirs ,
Le printems avec soi ramène les plaisirs ,
L'habitant des hameaux s'abandonne à la joie.
Dans les champs réjouis la gaîte se déploie :
Aux chants de la bergère, aux accords des oiseaux,
Se mêle agrestement le son des chalumeaux ;

Et ces bruyans concerts qui montent dans la nue,
De la belle saison annoncent la venue.

De même les soldats, à l'aspect d'un héros
Long-tems par les destins poursuivi sur les flots;
Après avoir tremblé tant de fois pour sa vie,
Exprimaient les transports de leur ame ravie.
De tout le camp déjà les bronzes meurtriers
Ont joint leur voix tonnante à celle des guerriers:
Au-devant du monarque on court vers le rivage.
C'est à qui le premier lui rendra son hommage.
Mille et mille sujets jusqu'au port avancés,
A recevoir leur chef se sont tous empressés.
Il débarque, et suivi d'une foule imposante,
Il est conduit au sein d'une superbe tente.
Là, le zèle avait fait les plus dignes apprêts;
Là, brillait par ses soins le luxe des palais.
De somptueux tapis, dans leur magnificence,
Etalaient avec l'or une richesse immense:
A son extérieur s'élançait vers les cieux
Un Croissant, dont l'éclat au loin frappait les yeux.
Sept pompeux étendards en décoraient l'entrée.
Du Prophète sur-tout l'enseigne révérée,
Par un pieux respect, flottait séparément,
Et faisait de ces lieux le plus bel ornement.

Là, Soliman d'abord, l'ame en secret charmée,
Applaudit à l'accueil de sa fidelle armée.
Mais bientôt, ô disgrâce ! ô dépit douloureux !
Il apprend de Dragut le destin rigoureux,
Les revers du Croissant, et la vive défense
D'un fort qui lui résiste et brave sa puissance.
A ce fatal récit, un prompt ressentiment
S'éveille dans son cœur, en accroît le tourment :
Il s'indigne, frémit qu'on ait en son absence,
Terni sa renommée avec tant de constance.
Il parcourt tout le camp, l'examine, puis sort ;
Et pensif, agité, court observer le fort.
De retour dans sa tente, il veut qu'à l'instant même
On vienne y recevoir sa volonté suprême.
On s'assemble ; et les chefs, troublés, irrésolus,
Attendent de leur Roi les ordres absolus.

Devant eux toutefois le sultan se modère :
Il parle sans aigreur, quoique d'un ton sévère.
Dans son noble courroux qu'il prend soin de calmer,
Au sort de ces mortels il sait se conformer.
Sérieux, imposant, et montrant un visage
Où se peint de son cœur l'impatient courage,
Il veut qu'avec le jour l'assaut recommencé
Venge dans ses guerriers son pouvoir offensé :

Il donne aux premiers chefs les ordres nécessaires.
Le plan qu'il a tracé ; ses nombreux janissaires ;
Leurs efforts soutenus du bras d'un conquérant,
D'un glorieux succès lui sont un sûr garant.
Du redoutable fort l'attaque est décidée,
Et jusqu'au lendemain seulement retardée.

Après tant de hasards, tant de sanglans travaux,
Pour les Chrétiens encor quels terribles assauts !
A peine Soliman aborde leur rivage,
Que méditant leur perte, il s'excite au carnage ;
Qu'avec ses bataillons, indomptables renforts,
Il prétend foudroyer leurs plus superbes forts,
Et sur eux, dans l'excès d'une rage inhumaine,
Assouvir à jamais son implacable haine.
Le bruit d'un tel projet trahi par sa fureur,
Bientôt aux assiégés court porter la terreur.
Mais la vertu triomphe ; et dissipant le trouble,
Le zèle dans les cœurs se réveille et redouble :
On oppose dès-lors à des périls certains
Le desir de trouver d'honorables destins,
De mourir sur la brèche, ou, contre toute attente,
D'y cueillir des vainqueurs la palme triomphante.

L'ombre succède au jour. Le grand-maître inquiet,
A des pensers divers s'abandonne en secret.

Son danger tour à tour et l'occupe et l'agite :
Assis dans son palais, il réfléchit, médite,
Et cherche en son esprit, par quels heureux moyens
Il pourra secourir les malheureux Chrétiens.
De mille soins alors son ame est obsédée.
Vingt projets à la fois s'offrent à son idée.
Pour vaincre ou détourner un péril si pressant,
Aucun n'est assez prompt, nul n'est assez puissant;
Mais il suffit qu'en Dieu constamment il espère.
Le ciel, le ciel lui-même et le calme et l'éclaire.
O merveilleux pouvoir d'une invisible main!
Tout à coup son palais brille d'un feu divin.
Devant lui se répand un torrent de lumière,
Sans que tant de clarté fatigue sa paupière.
De l'immense Univers le flambeau radieux,
Plus auguste jamais ne parut à ses yeux.
De cette pompe encor la richesse s'augmente;
Et parmi les rayons d'une nue éclatante,
Le héros voit sortir une divinité,
Qui réunit la grâce avec la majesté.
Dans ses ardens regards le génie étincelle.
L'honneur, le noble orgueil marchent à côté d'elle :
Idole des grands cœurs, à ses divins autels
Elle attache, asservit les plus fameux mortels.

Sa taille est imposante ; et, de son front sublime,
Jaillit le feu sacré qui sans cesse l'anime.

Déesse de la gloire , elle est reine des cieux.
C'est elle qui conduit l'illustre audacieux ,
Le héros, l'écrivain, tous ceux qui sur la terre ,
S'élèvent dans leur vol au-dessus du vulgaire.
Elle s'adresse et dit au grand-maître surpris :
« Seigneur, dans ces hasards, rassurez vos esprits.
« Le ciel à votre sort lui-même s'intéresse.
« En vain des Musulmans la vengeance vous presse :
« Aux projets de leur prince, à son ressentiment
« Ne cessez d'opposer un pieux dévoûment.
« Ici , que de périls vous menacent encore !
« Quels assauts, quels combats doit éclairer l'aurore !
« Demain, pareille aux flots qu'un vent impétueux
« Pousse contre les flancs d'un rocher sourcilleux,
« Jusque sur vos remparts , une foule aguerrie ,
« De ses torrens viendra déchaîner la furie.
« Le nombre à la valeur joindra l'acharnement.
« Partout vos yeux verront un spectacle alarmant;
« Mais qu'il rallume en vous tout le feu du courage !
« Que le salut de Malte enfin soit votre ouvrage !
« Pour prix de ces travaux, de vos sanglans revers,
« L'Éternel, devant qui tremble cet Univers ,

« Tout à coup changera le destin des batailles,

« Pour fixer la victoire au sein de vos murailles.

« Un jour, sauvés par vous, ces lieux seront fameux :

« L'histoire en parviendra chez vos derniers neveux.

« Mais apprenez, seigneur, de ma bouche immortelle,

« Des faits qu'avant leur âge un Dieu seul vous révèle.

« Secrets de l'avenir, qu'ils vous soient dévoilés !

« Après mille ans de calme et de gloire écoulés,

« Quand aux bords de la Seine, et dans l'Europe entière,

« Les destins armeront la Discorde guerrière,

« Malte, régie encor par son chef, par ses lois,

« Contemplera de loin le naufrage des Rois.

« Ces murs des Chevaliers seront encor l'asile

« Jusqu'au jour où le ciel disposant de leur île,

« Aura livré ses ports, confié ses remparts

« Au premier des mortels dans les travaux de Mars.

« Mais avant qu'en monarque il régisse la France,

« De votre Ordre il voudra rétablir la puissance;

« Et par un saint traité, malgré lui sans effet,

« Signaler sa justice autant que son bienfait,

    « De Malte, ce héros volera sur mon aile,

« Vers des lieux, où jadis éclata votre zèle.

« Des fastes éclatans de ce mâle avenir,

« Dans votre esprit, seigneur, gravez le souvenir;

« Voyez-y, du trident franchissant la barrière,
« Des bataillons s'ouvrir une illustre carrière ;
« Et dirigeant leur course en des climats lointains,
« Leur Chef se préparer les plus brillans destins ;
« Combattre, triompher, et, le front ceint de gloire,
« Voler jusqu'à Memphis de victoire en victoire.
« Devant lui, fléchiront l'Africain redouté,
« Le Mameluck altier et l'Arabe indompté ;
« Et ces hordes, sans frein, tombant sous son courage,
« N'armeront contre lui qu'une impuissante rage ;
« Elles disparaîtront, dans leurs sables mouvans,
« Comme un léger nuage emporté par les vents.

   « Mais ce vainqueur plus loin poussera sa conquête.
« De triomphes, d'honneurs quelle suite il s'apprête !
« Partout, maître du sort, moissonnant des lauriers,
« Il ira commander à des peuples guerriers.
« Voyez-le parcourir l'Egypte et la Syrie,
« Traverser les déserts, passer en Arabie ;
« Et dans la Palestine, où jadis vos ayeux
« Portèrent la terreur par un zèle pieux,
« Fier vengeur de leur cendre, au mépris des hasards,
« Faire sur leurs tombeaux flotter ses étendards.
« Le bruit de ses exploits, ses marches belliqueuses
« Eveilleront au loin des ames généreuses.

« Godefroi , Chatillon , Renaud , mille héros

« Quitteront , pour le voir , le séjour du repos :

« Il faudra qu'à ces morts l'avide Achéron cède ;

« Et les mânes sacrés des Baudouin , des Tancrède ,

« De l'éternelle nuit , appelés sur ses pas ,

« Le viendront contempler au milieu des combats.

    « Que ne publîra point de sa vertu guerrière

« La Renommée , alors véridique courrière ?

« Et quel peuple habitant le plus lointain climat ,

« N'aura point de sa gloire admiré tout l'éclat ?

« Que de faits, de travaux qui tiendront du prodige !

« Et les plaines d'Arcole , et les champs de l'Adige ;

« Tant de fameux combats , de triomphes divers

« Seront l'étonnement de ce vaste univers.

    « Mais, ô jour mémorable ! où l'Eternel lui-même

« Posera sur son front un puissant diadême ;

« Où le ciel dans ce Chef, protecteur de sa loi ,

« Au titre d'Empereur joindra celui de Roi ;

« Où , plaçant en ses mains le sceptre d'Italie ,

« Il voudra que le Tibre à la Seine s'allie ;

« Et que d'un grand Empire étendant les confins ,

« Ce Prince pour sujets compte aussi les Romains.

« Ainsi , Napoléon ! frappés de votre gloire ,

« Les siècles à venir écriront votre histoire :

« Ils diront vos hauts faits, et béniront le jour
« Où l'olive naîtra des mirthes de l'amour.

    « Alors d'un saint hymen, d'une auguste alliance,
« On verra s'applaudir et l'Autriche et la France ;
« Un monarque germain, père de ses sujets,
« Assurer leur bonheur dans une longue paix ;
« Et, favori de Mars, son magnanime frère
« Préférer au laurier l'olive salutaire ;
« Commander à son zèle, et toujours d'un héros,
« Dans ses nobles loisirs, illustrer le repos.

    « Cependant, sans appui, poussé vers sa ruine,
« Exclus des droits pompeux de sa noble origine,
« Votre Ordre ira chercher, aux régions du Nord,
« Le calme après l'orage et le salut du port ;
« Ira, fier des exploits de sa sainte milice,
« Intéresser du ciel l'éternelle justice.
« Un puissant potentat, auguste protecteur,
« Lui-même en daignera relever la splendeur ;
« Il en prendra la croix, et contre la Tamise
« Concevra la plus grande et plus juste entreprise.
« Mais de si hauts projets trahis par les destins,
« Seront, non moins sacrés, remis en d'autres mains.
    « Un fils, digne héritier de son pouvoir suprême,
« Soutiendra tout l'éclat d'un si beau diadème :

« Il sera de son peuple et la gloire et l'amour,

« L'honneur de ses ayeux, l'exemple de sa cour.

« Magnanime rival des maîtres de la terre,

« Quand de Bellone au loin grondera le tonnerre,

« Lui-même il volera dans le champ des hasards ;

« Y viendra s'endurcir aux fatigues de Mars ;

« Y viendra, rayonnant d'une pompe guerrière,

« Des héros parcourir l'éclatante carrière ;

« Rassembler mes rayons sur son front imposant,

« Et sous l'aigle du Nord abaisser le Croissant.

« Tel alors paraîtra l'immortel Alexandre :

« Illustre sang des Czars, dans un âge encor tendre,

« De leur sacré pouvoir par le ciel revêtu,

« Il en aura déjà la sublime vertu.

    « Enfin, après des jours de deuil et de carnage,

« Lorsque, las, dans leur sang, d'épuiser leur courage,

« Les belliqueux mortels, en différens climats,

« Auront quitté le fer, instrument des combats,

« Que les filles du ciel, l'union, la justice,

« Auront de l'équité relevé l'édifice ;

« Qu'arbitres désormais des querelles des Rois,

« Elles auront dicté leurs souveraines lois,

« Par ce peuple indompté que borne la Tamise,

« A vos preux Chevaliers Malte sera remise,

« Et garante, en leurs mains, d'un éternel traité,

« A l'Empire des mers rendra la liberté ».

Ainsi prophétisait l'immortelle Déesse.

Le grand-maître en silence admirait sa noblesse;

Et ses esprits frappés d'un saint étonnement,

Demeuraient dans l'extase et le ravissement.

Du brillant sort de Malte il est instruit par elle.

Son espoir s'en accroît : une audace nouvelle

Ajoute à son courage, et lui fait desirer

Des périls où son cœur brûle de s'illustrer.

Cependant, vers les cieux, d'une aile étincelante,

La Déesse remonte encore plus brillante,

Elle dit au héros : « Mortel! dans vos travaux,

« Comptez sur des secours au-dessus de vos maux.

« Le ciel, pour vous aider, en ce péril extrême,

« D'un foudroyant secret vous armera lui-même.

« C'est lui qui, par ma voix, daigne vous prévenir

« Des assauts que vos murs auront à soutenir.

« Mais sachez profiter de l'avis qu'il vous donne.

« En vain de toutes parts la mort vous environne.

« Que prompts, que résignés à braver les hasards,

« D'intrépides guerriers veillent sur les remparts.

« Voyez déjà, voyez, bouillant d'impatience,

« Votre fier ennemi courir à la vengeance ».

En achevant ces mots, plus vîte que l'éclair,
Elle part, et franchit les vastes champs de l'air :
Elle revole aux lieux, où, sans tache autour d'elle
Brille de ses rayons la lumière éternelle.

FIN DU CHANT DIXIÈME.

LA MALTÉIDE.

CHANT ONZIÈME.

SOMMAIRE.

CHANT ONZIÈME.

LA nuit pliait son voile : à peine un faible jour
De l'aurore vermeille annonçait le retour.
Soliman, réveillé par sa douleur constante,
En vain cherche à calmer le soin qui le tourmente :
Il se lève; et pour soi dédaignant tout repos,
Il reporte ses pas au sein de ses vaisseaux.
Là, suivi de sa garde, il s'approche d'Elvire;
Et de son cœur pour elle exhalant le martyre,
Dans sa rage il s'écrie : « En cet affreux séjour,
« Viens recevoir le prix du plus puissant amour,
« Elvire! à mes fureurs connais sa violence;
« Jouis enfin, jouis d'une juste vengeance ».
    Il veut qu'à l'instant même on tire de leurs fers
Les prisonniers chrétiens enlevés sur les mers;
Que dégagés du poids d'une inutile chaîne,
Devant Elvire et lui sa garde les amène :
On obéit. Soudain, fiers et respectueux,
Ses illustres captifs s'offrent devant ses yeux.

« Chevaliers, leur dit-il, d'une voix menaçante ;
« Qui d'un traître voyez la victime innocente ;
« De ce monstre en secret complices odieux ,
« Allez dire aux Chrétiens que, maître de ces lieux,
« Soliman, dans leurs forts, au sein de leurs murailles,
« Ira, par des assauts, ira par des batailles ,
« Sur les chefs, les soldats signaler son courroux ;
« Sous leurs remparts fumans les ensevelir tous ;
« Ira, de sang avide, affamé de carnage,
« Assouvir dans leurs flancs et sa haine et sa rage :
« Mais, poursuit-il, allez, cruels Chrétiens, allez
« Dire qu'à son amante ils seront immolés ;
« Qu'à ses mânes plaintifs mon bras les sacrific ;
« Que devant Soliman rien ne les justifie.
« Captifs, tel est mon ordre : allez, courez près d'eux
« Attendre et ma vengeance et votre sort affreux.
« Combattez, je le veux : que par là votre audace
« Ne puisse auprès de moi désormais trouver grâce ».
Il dit, et ces mortels par leurs gardes conduits,
Dans les murs des Chrétiens sont bientôt introduits.

   Déjà du blond Phébus l'aimable avant-courrière
Ouvrait à ses coursiers leur brillante carrière ;
Déjà, pour lui céder le domaine des cieux,
Elle avait fui l'éclat de son front radieux.

Un ciel pur souriait à Malte, à ses rivages.
Mais quel prélude encor des plus sanglans ravages !
A peine le jour luit, que des cris de fureur
Vont du camp dans les murs promener la terreur ;
Que l'écho réveillé par d'effrayans tonnerres,
Annonce des mortels les tourmentes guerrières.

   Dans le fort cependant qu'ont dit, inattendus,
Les jeunes prisonniers par Soliman rendus !
On s'assemble autour d'eux ; on s'étonne, on admire
Des vertus du sultan le magnanime empire :
Un si glorieux trait de générosité
Passe de bouche en bouche, est partout répété.
Faut-il, s'écrie alors la voix qui le publie,
Qu'à tant d'acharnement tant de grandeur s'allie !
Au trépas toutefois chacun s'est résigné :
On oppose au malheur un courage obstiné.
Aucun des assiégés, qui, par sa résistance,
N'aspire à signaler son zèle et sa constance !
Le dévoûment s'accroît. Chevaliers et soldats,
Tous brûlent de courir à de nouveaux combats ;
D'y mériter encor l'honneur de la victoire,
Ou d'y trouver leur perte en y cherchant la gloire.

   Mais quel bruit, précurseur des cruels jeux de Mars,
Soudain s'est fait entendre aux pieds de leurs remparts ?

C'est du brave Ottoman la trompette guerrière
Qui des sanglans assauts vient rouvrir la carrière.
L'aigre accent de l'airain qui frémit dans les airs ;
Les tambours, les clairons, cent instrumens divers,
Du soldat, dans sa marche enflammant le courage,
Portent leurs sons confus au-delà du rivage.
Bientôt des cris de rage, un tumulte effrayant
Se mêlent au fracas du bronze foudroyant ;
Et déjà du sultan la milice immortelle
Vole avec lui partout où la gloire l'appelle.
Des autres bataillons pleins de la même ardeur,
Elle anime l'audace, elle accroît la fureur.
Sous leurs pieds les soldats font retentir la terre.
Leur foule s'avançait comme un bruyant tonnerre,
Qui, poussé par les vents, cruels enfans du Nord,
Court porter aux humains le ravage et la mort.

Ces épais bataillons, ces hordes menaçantes
Montraient une forêt d'armes étincelantes,
De glaives, de croissans, dont le noble appareil
Hardiment défiait les rayons du soleil.
Tant de feux réfléchis par toute cette armée,
Faisaient de la campagne une plaine enflammée.
D'un côté paraissaient, sous un aspect hideux,
D'implacables soldats, Croates belliqueux,

Dont l'abord menaçant, dont la vue effrayante
Sème dans les combats la crainte et l'épouvante.
Leur bras était armé d'un redoutable dard :
Ils avaient pour turban la peau d'un léopard,
Dont la forme, étalant cent taches variées,
Portait celle d'un aigle aux ailes déployées.
Une barbe touffue ombrageait leur menton.
Sur leurs reins descendait une peau de lion,
Et du long poil d'un ours leurs jambes revêtues,
Sur un large étrier demeuraient suspendues.
Ils semblaient, les cruels, en une telle horreur,
Des monstres des forêts partager la fureur.

   A côté s'avançaient, armés de leurs tonnerres,
Ces immortels soldats, ces vaillans janissaires,
Bataillons redoutés, qui, serrés et nombreux,
Prolongeaient de leurs rangs le spectacle pompeux.
La soie, avec l'acier de leurs armes brillantes,
Mêlait diversement ses couleurs éclatantes.
Mais dans leurs chefs sur-tout quel dehors imposant !
Des plus riches brocarts l'éclat resplendissant
Donnait à ces mortels une magnificence,
Qui de tous attestait le rang et l'opulence.
L'or joint aux diamans brillait de toutes parts.
A leur gauche, venaient d'impétueux hussards,

Escadrons indomptés, prompts, dans une sortie,
A réprimer l'essor de la foule investie.
Sur eux d'un léopard l'énorme peau flottait.
Celle d'un cruel tigre, où l'argent éclatait,
Couvrait leurs fiers coursiers, dont l'extrême vitesse
De leurs jarrets nerveux annonçait la souplesse.
Combien d'autres mortels accouraient après eux!
On ne voyait au loin que bataillons poudreux.
Tartares, Turcomans, peuples de la Crimée
Du sultan grossissaient la redoutable armée.
Un farouche appareil signalait ces soldats,
Ardens et dévorés de la soif des combats.

  Mais quel est ce cortége où la richesse étale
Tout ce qu'a de plus grand la pompe orientale?
C'est celui d'un héros, valeureux potentat,
Qu'environne des siens le formidable éclat :
Il paraît : que de faste! une superbe suite
En foule autour de lui par le zèle est conduite.
Des mortels distingués parmi ses Musulmans,
Compagnons de sa gloire, illustres Ottomans,
Dans un luxe avoué de leur mâle courage,
Donnaient de leur haut rang un brillant témoignage :
Aux côtés du Monarque, on voyait à leur tour
Fièrement s'avancer les premiers de sa cour.

Sur eux mille trésors prodiguaient leur richesse
Et de leurs traits encor rehaussaient la noblesse.
Tant de faste partout offrait à l'œil surpris
Et la pompe de l'or et l'éclat des rubis.
Mais combien l'emportait sur leur magnificence
Celle de Soliman dans sa toute-puissance !
De sa terrible armure, il jaillissait des feux,
Qui, comme autant d'éclairs, éblouissaient les yeux.
Tout son corps n'était plus qu'un foyer d'étincelles,
De mille diamans lumières immortelles.

  Devant lui cependant de belliqueux drapeaux
Déjà se sont ouvert le chemin des assauts :
Alors se déployaient ces enseignes brillantes,
Aux yeux de Soliman tant de fois triomphantes :
Elles guidaient l'armée, appelaient ses regards,
Et superbes, semblaient commander les hasards.
Mais, au gré des esprits brûlans d'impatience,
Par cent foudres d'airain l'attaque enfin commence.
Des globes destructeurs que le bronze vomit,
Dont la terre s'émeut, dont l'air brisé frémit,
Les murailles du fort sans relâche frappées,
De terribles volcans semblaient enveloppées.
La foudre au loin volait, et dans un long fracas,
Atteignait, renversait et remparts et soldats.

Mille feux meurtriers élancés des galères ;
Sur la terre et les eaux d'impétueux tonnerres,
Dans leur cruel effet, avec art dirigés,
Battaient et ruinaient le fort des assiégés.

De leurs murs défendus la résistance est vaine.
Le roc, le ciment cède à l'effort qui l'entraîne ;
Et de ces fiers remparts le sommet ébranlé,
Sous l'airain foudroyant déjà s'est écroulé :
Ils n'offrent bientôt plus que quelques faibles restes,
Que d'énormes débris, que des brèches funestes,
Où, le fossé comblé permet aux assaillans
De gravir, de monter, de carnage bouillans :
En vain contre eux le fort tonnait avec furie.
L'audace croît encor dans leur ame aguerrie ;
Et furieux, poussés d'un farouche transport,
Sous les yeux du monarque ils défiaient la mort :
Au plus fort des hasards qu'avec eux il partage,
Il soutient, il anime, enflamme leur courage.
Tous font à ses côtés mille efforts généreux ;
Bravent pour lui du sort les coups les plus affreux,
Pleins du noble desir d'acheter la victoire
Au prix de tout leur sang prodigué pour sa gloire.
Mais devant eux lui-même atteste sa valeur :
Il paraît tel qu'un Dieu dans le champ de l'honneur,

A travers mille feux dirigeant son armée ,
Et franchissant des flots de sang et de fumée.

Cependant les Chrétiens pressés de toutes parts,
Non moins impétueux défendent leurs remparts ;
Ils y font de leurs corps un mur impénétrable.
Alors , ô dévoûment ! ô courage incroyable !
Sans abri désormais ces généreux guerriers
Sur le roc assiégé se montrent tout entiers :
Ils arrêtent des Turcs la foule intimidée.
Par eux d'un triple rang chaque brèche est bordée.
Chevaliers et soldats , tous indistinctement
Prouvent la même ardeur, le même acharnement.
Si l'assiégeant contre eux au combat se présente,
Aussitôt l'assiégé , dont la valeur s'augmente ,
Le frappe, et fier obstacle à leurs rangs ébranlés,
Force des Musulmans les flots amoncelés.

Mais du sultan bientôt l'intrépide présence
De leur premier transport leur rend la violence.
Tous cherchent le danger, courent, pleins de fureur,
Porter aux assiégés le massacre et l'horreur.
L'assaut devient terrible : une nouvelle rage
Emporte la valeur, prolonge le carnage.
Le Chrétien, l'Ottoman, dans un tumulte affreux,
Ne combattent qu'au sein d'un nuage poudreux.

Là, sous l'effort des coups dont elles sont frappées,
Dans leurs cruelles mains se brisent leurs épées.
Le désespoir accroît leur féroce desir.
Furieux, on les voit corps à corps se saisir ;
Montrer dans ce combat une farouche ivresse,
Et d'un bras, que dirige ou la force ou l'adresse,
Déployer un poignard, dont le fatal acier
Rend encor plus cruel cet assaut meurtrier.
　　C'est la vigueur enfin qui de leur sort décide.
Armés de leur courage et d'un fer homicide ,
Les assiégés se font de terribles abris
Des cadavres sanglans qui couvrent leurs débris.
Dans ce terrible instant, leur valeur se surpasse :
Animés, transportés d'une invincible audace,
Ils repoussent partout l'effort des Musulmans,
Et commandent la fuite à des flots d'Ottomans.
De nouveaux bataillons contre les murs s'avancent :
Aussitôt les Chrétiens au-devant d'eux s'élancent.
Et soutenant leur choc, et réprimant leurs pas ,
Ils sont, dans cet assaut, au milieu du fracas,
Tels que ces tourbillons qui, du sein des nuages,
Sur de vastes forêts vomissent les ravages.
Sous l'indomptable effort de leur souffle orageux,
Tombent déracinés des chênes monstrueux.

De même succombaient sous leurs fiers adversaires
D'impétueux soldats, farouches janissaires,
Dont l'Eternel lui-même, en ces momens d'horreur,
Surmontait et l'audace et la guerrière ardeur.
Pour trouver leur salut, ils tentent la retraite.
Soliman qui l'ordonne, outré de leur défaite,
Frémit, et leur promet de les venger du sort,
Dont l'injustice a pris la défense du fort.
Plein du nouvel assaut qu'alors même il médite,
Ce mortel porte ailleurs le dépit qui l'agite :
Il vole vers un lieu, dit le mont Salvador.
Là, guidé par l'espoir qui lui sourit encor,
Il vient, le cœur aigri, dans un morne silence,
Méditer, assurer sa tardive vengeance.
Sur ses guerriers tués il fixe ses regards ;
Puis, du fort qu'il assiége observant les remparts,
Il ne peut endurer que, même en sa présence,
On ose ainsi braver sa suprême puissance.
  Mais tandis que plongé dans un rêve profond,
Il bâtit les moyens de venger son affront,
Tout à coup, sous ses pieds il sent trembler la terre :
Un bruit qui ressemblait à celui du tonnerre,
Jusque vers lui descend de la cime des monts ;
Et l'écho du rivage en prolonge les sons.

L'éclair brille. Trois fois, l'air frémit, le ciel tonne,
Et trois fois, Soliman qu'un tel miracle étonne,
Est malgré lui frappé d'un secret sentiment
Qui le tient dans l'extase et le saisissement.
Attentif, il écoute : aussitôt, ô merveille !
Une voix redoutable a frappé son oreille :
Elle sortait du fond d'un antre souterrain,
Que le mont Calcara renferme dans son sein.
De ses flancs ténébreux, elle dit au monarque :
« Héros, que tant de fois a respecté la parque,
« Qui, par mille hasards, de belliqueux travaux,
« Viens chercher en ces lieux des triomphes nouveaux
« Songe à les assurer, par une prévoyance
« Prompte à dompter ce fort rebelle à ta puissance :
« Au pied de ses remparts, interromps les secours
« Que du chef des Chrétiens il reçoit tous les jours ;
« Et que, vers la tranchée, un imposant ouvrage
« S'élève, et désormais leur ferme tout passage.
« Va, cours, espère tout du sort qui les trahit ».
    A cet avis soudain le monarque obéit :
Il ne songe qu'à vaincre aidé d'un tel prodige ;
Et l'étonnant travail que lui-même il dirige,
Autour du fort conduit, poussé jusqu'à la mer,
De tous côtés bientôt parvient à l'enfermer.

Alors plus de secours : une force puissante
Ecarte de ces lieux tout ce qui s'y présente ;
Et le Chrétien, réduit à sa seule valeur,
Attend qu'un beau trépas termine son malheur.

Déjà sur les remparts, du pied de leurs murailles,
S'annonce aux assiégés le retour des batailles.
L'air d'un fracas guerrier retentit de nouveau.
Que d'Ottomans encor courent à leur tombeau !
L'aga, le chef altier, d'une fureur égale,
Fond, suivi du soldat, vers la brèche fatale ;
Et tous par la vengeance au carnage excités,
Sur les débris déjà se sont précipités.
L'espoir, la soif du sang emporte leur courage ;
L'acharnement s'accroît dans l'effort de la rage.
L'exemple des bachas, celui de Soliman
Semble faire un héros de chaque Musulman.
Vers le sommet des murs, plein d'audace il s'élance :
En ces lieux quelle attaque et quelle résistance !
Un furieux dépit transporte les Chrétiens :
Ils ont tous dans leurs chefs d'invincibles soutiens,
Dont partout la valeur affrontant la tempête,
Et dirige leur zèle, et combat à leur tête.
Alors pour le sultan que n'osent ses soldats !
Ils cherchent la victoire où seul est le trépas.

Jaloux de remporter un brillant avantage,
Mustapha, dont l'ardeur triomphe de son âge,
Quoique pourtant chargé du lourd fardeau des ans,
Le dispute en vigueur aux plus forts combattans.
Tel un coursier, vieilli dans le champ des alarmes,
Affronte les périls, court au-devant des armes ;
Et fier de reparaître au sein des escadrons,
Veut surpasser encor ses jeunes compagnons.

 Piali qui combat à côté de son maître,
En héros à ses yeux s'efforce de paraître :
Impétueux, il joint l'audace à la valeur.
Ses efforts soutenus de toute sa chaleur,
Cent fois des assiégés méprisent la vaillance,
Et leur font de son bras sentir la violence.
Hascen, plein de son deuil, et non moins généreux,
En frappant les Chrétiens, venge Dragut sur eux.
Tel est un tigre altier, dont une arme cruelle
A tué dans un bois le compagnon fidelle.
Rugissant de sa perte, il fond sur le chasseur,
Et l'abat, et l'immole à sa juste fureur.
Tel à Dragut, Hascen, au plus fort du carnage,
Donnait de son amour un sanglant témoignage.

 Mais combien le sultan brillait dans ces combats !
Il ne le cédait point en audace aux soldats.

Sur le roc, au milieu d'un appareil suprême,
A travers la mêlée, il pénètre lui-même.
Les assiégés par lui trois fois sont enfoncés,
Et plusieurs à ses pieds dans leur sang renversés.
Que de braves soldats par ses armes périrent !
Des chefs même, frappés, au tombeau les suivirent :
Ils sont tous morts, le front couronné de lauriers.
Mais ils ont pour vengeurs d'impatiens guerriers,
Qui, volant aux périls que le sort leur apprête,
Sont guidés par des cœurs dignes d'être à leur tête.

Alors, fatal dessein ! l'impétueux Médran
S'élance, fend la foule, et fond sur Soliman.
C'est l'illustre ennemi que choisit son audace.
Hélas ! pour tous les siens déplorable disgrâce !
Au moment que son bras se lève pour frapper,
Un bataillon déjà vient de l'envelopper :
Il se défend en vain. Sur lui cent janissaires
Font pleuvoir le trépas de leurs mains sanguinaires.
Au bruit qui s'en répand, on vole à son secours ;
Mais qui de ce mortel pourrait sauver les jours ?
Sous le fer il succombe, en témoignant encore
Dans son dernier soupir un geste qui l'honore.
Tels furent de sa fin l'éclat et la rigueur.
Delamotte, Vagnon, chevaliers pleins d'honneur,

Par une résistance et vive et meurtrière,
Ont glorieusement terminé leur carrière.
Pour venger leur trépas, de leur sort envieux,
Demorgut se dévoue, et rend l'ame auprès d'eux.
    Cependant Soliman, de sa conquête avide,
Fait tomber les Chrétiens sous son glaive homicide.
Ce jour même, vainqueur, il s'emparait du fort,
Si, Chevaliers, soldats, par un dernier effort,
N'eussent jusqu'à la nuit à leurs vœux favorable,
Tenté de prolonger leur perte inévitable.
L'ombre enfin qui s'accrut, força les assaillans
D'interrompre l'attaque et leurs exploits sanglans.
Les Chrétiens rendent grâce au ciel de leur retraite.
Si pourtant menacés d'une entière défaite,
Ils doivent au courage un instant de repos,
Qu'il leur en a coûté de sang et de travaux !
De toutes parts déjà la grandeur de leur perte,
Sous un hideux aspect, à leurs yeux s'est offerte.
Quel effrayant tableau ! quels douloureux momens !
La nuit se passe alors dans les gémissemens,
Parmi les cris plaintifs, les angoisses cruelles
Des malheureux, atteints de blessures mortelles.
Mais, ô combien leurs chefs se signalaient pour eux !
Avec quel zèle ardent, et quel soin généreux,

Pour adoucir leurs maux, amis et tendres frères,
Ils leur portaient à tous des secours salutaires!
De Négrepont, Dumas, Lamirande, Dunon,
Par des faits si touchans ont illustré leur nom.
Chevaliers et soldats, sans nulle préférence,
Recevaient de leurs mains l'honorable assistance.

Pour eux aucun relâche : on les voyait alors
Secourir les vivans, faire inhumer les morts;
Ordonner, surveiller ces tristes funérailles,
Et de divers remparts relever les murailles :
Ils ajoutaient au fort des obstacles nouveaux ;
Ils se préparaient tous au retour des assauts.
Ecartant le sommeil qui pressait leur paupière,
Ils attendaient du jour la funeste lumière :
Elle parut bientôt, non sous l'aspect riant,
Où se montre aux humains le vermeil Orient,
Lorsqu'avec les Zéphirs, la matinale aurore
Vient rendre son éclat à l'empire de Flore.
Un crèpe noir régnait sur le vaste horizon :
Il voilait aux mortels l'épouse de Titon,
Signe de la douleur, triste et sanglant présage
Des plus cruels assauts, du plus affreux carnage.

Enfin les assiégés, sans espoir de secours,
En chrétiens, en héros, vont terminer leurs jours.

Dans leur sang épuisé par tant de résistance,
Ils offrent tous au ciel un reste d'existence.
O gage d'amitié! rare et saint dévoûment!
Ces guerriers arrivés à leur dernier moment,
Se font un tendre adieu; puis, enflammés de zèle,
Courent où le devoir, où la mort les appèle.
C'est dans ce lit d'honneur qu'illustrant leur destin,
Ils brûlent de mourir, les armes à la main.
Ceux, qu'au sein des remparts retiennent leurs blessures,
Couverts, chargés encor du poids de leurs armures,
Maîtrisant la douleur, fiers de lui résister,
Jusqu'au bord de la brèche alors se font porter:
Ils s'y tiennent assis. Là, ces cœurs intrépides,
De périls, de combats, de gloire encore avides,
S'arment d'un fer tranchant, attendent les bachas,
Et l'honneur de trouver un généreux trépas.
   A peine un faible jour éclairait ces rivages.
Hors du camp, vers le fort, s'élèvent des nuages,
Qui, dans leurs flancs poudreux apportant les hasards,
Viennent par tourbillons fondre sur les remparts.
De tous côtés, soudain un torrent de poussière
Cache des assiégeans la foule meurtrière.
Ses flots d'un voile épais obscurcissent les airs.
Telles portant au loin la foudre et les éclairs,

De sinistres vapeurs vont, d'un bruyant orage,
Sur des rochers altiers, précipiter la rage.
Le sommet escarpé de ces rocs sourcilleux
Se couvre tout à coup et de soufre et de feux :
Un tonnerre effrayant gronde autour de leurs têtes ;
Et leur cime devient le séjour des tempêtes.

De même autour des murs régnaient dans le fracas,
Le tumulte, l'horreur, la nuit et le trépas.
Sur la brèche, au milieu d'une épaisse fumée,
Gravit de Soliman la redoutable armée.
Déjà même le fort tombait en son pouvoir.
Mais les Chrétiens, qu'emporte un dernier désespoir,
En ce pressant péril, s'arment d'une constance,
Que soutiennent long-tems l'audace et la vaillance.
Les uns précipitant des poutres, des débris,
Ecrasent sous leur poids les Musulmans surpris :
Ils sèment dans leurs rangs le trouble et l'épouvante.
D'autres, en déployant une force étonnante,
Par mille et mille efforts, repoussent le torrent
Qu'à chaque instant la foule et ramène et leur rend.
Partout croît le péril, et partout on le brave.
C'est ainsi, quand l'orage émeut l'onde batave,
Que des remparts, vainqueurs de la fureur des eaux,
Défendent la Hollande et ses riches travaux.

Mais, ô quel dévoûment d'une vertu guerrière
Termine des Chrétiens l'héroïque carrière !
Ceux, dont quelque blessure a captivé les pas,
Méprisant à la fois et donnant le trépas,
Au plus fort de l'assaut, sur la brèche fumante,
Font jouer les ressorts d'une arme foudroyante.
Sous le plomb meurtrier que le mousquet vomit,
L'Ottoman tombe, et l'air d'un long fracas gémit.
La mort vole partout et moissonne la vie.
La rage toutefois ne peut être assouvie.
Le desir de venger leurs compagnons mourans
D'assiégeans vers les murs ramène des torrens.
Nul effort, nul rempart alors ne les arrête.
Sur eux des assiégés fond en vain la tempête.
Leur fureur s'en accroît : et Chevalier, soldat
Jusqu'à son dernier souffle et s'obstine et combat.
Cependant Lamirande, au sein d'un tel carnage,
Du reste des Chrétiens relève le courage :
Il leur donne l'exemple, en courant le premier
Affronter des vainqueurs le glaive meurtrier.
Bientôt ses compagnons le devancent lui-même;
Et réunis, aidés du bras d'un Dieu suprême,
Ils forcent l'ennemi sur les murs avancé,
Et le poussent de là jusque dans le fossé.

Du rempart aussitôt on regagne le faîte.

L'assiégeant y revole : on résiste, on l'arrête ;

Et Sola, ses amis, indomptés Navarrois,

Trois fois sont attaqués et triomphans trois fois.

Un tel succès parut un éclatant miracle.

Mais outré, furieux d'un si puissant obstacle,

Soliman, dont la voix échauffe ses soldats,

Les ramène aussitôt à de nouveaux combats.

Sur le courage enfin le grand nombre l'emporte ;

Et déjà du sultan la fatale cohorte,

Janissaires, spahis, Maures, Algériens,

Ecrasent sous leurs coups les valeureux Chrétiens.

Pour eux plus de salut. L'heure fatale arrive,

Où tous vont habiter la ténébreuse rive :

Ils se sont résignés et combattent toujours.

Pour conserver leurs murs, ils prodiguent leurs jours :

Ils vendent chèrement les restes d'une vie

Far tant de grandeur d'ame et d'exploits embellie.

Accablés, tous alors font un dernier effort.

Chacun d'eux à l'envi se présente à la mort :

On soutient, on affronte, à son heure dernière,

Et du fer et du feu l'atteinte meurtrière.

Mais ils ont succombé. De Négrepont, Dumas,

Lamirande, Sola, frères d'armes, soldats,

Chevaliers, tous mourans sur des débris funestes,
Ont couvert les remparts de leurs glorieux restes.
L'honneur d'un beau trépas ravit ces combattans;
Et l'assaut ne finit qu'avec les résistans.

FIN DU CHANT ONZIÈME.

LA MALTÉIDE.

CHANT DOUZIÈME.

SOMMAIRE.

Soliman entre triomphant dans le fort Saint-Elme. —— Vengeance qu'il exerce. —— Consternation des assiégés. —— La Charité descend du ciel, et fait donner la sépulture aux Chrétiens expirés. —— Tableau de leurs obsèques. ——Apparition du Dieu ou Génie qui préside aux travaux de la physique et de la chimie. —— Armes cruelles qu'il met entre les mains du grand-maître pour sa défense. — Le sultan livre un assaut général. — Disposition de son armée. —— Piali, son amiral, conçoit le dessein le plus extraordinaire. —— Il s'agissait, pour arriver au pied d'un fort qu'il voulait surprendre, d'éviter le trajet par mer, que nécessitait une langue de terre, et qui l'eût exposé à être foudroyé par l'armée ennemie, dans le circuit qu'il était obligé de faire. Cet amiral forme le projet de faire transporter à travers cette langue de terre, à bras d'hommes et à l'aide de quelques rouleaux, les galères et toutes les barques nécessaires pour les remettre à flot, et les remplir ensuite de soldats pour tenter l'escalade. — Elise, Osmand son frère et Lascaris, dont il est parlé dans le IV⁰ Chant, préviennent le grand-maître du dessein de l'amiral turc. —— Ce dernier est forcé d'y renoncer, par la défaite de ceux de ses soldats qui devaient le mettre à même de l'exécuter.

CHANT DOUZIÈME.

Aux élans redoublés d'une joie éclatante,
Accourt d'un peuple altier la foule triomphante.
L'air partout retentit des cris des Musulmans,
Des sons de la trompette et de mille instrumens,
Dont les voix, aux Chrétiens plongés dans la tristesse,
Annoncent des vainqueurs l'importune allégresse.
Mais parmi ces transports, au bruit majestueux
De cent foudres guerriers tonnant de divers lieux,
Soliman, dans le fort devenu sa conquête,
De son cœur outragé vient nourrir la tempête.
Au sein de ces remparts, théâtre du trépas,
Il entre, et la terreur a précédé ses pas :
Il s'y montre semblable au maître du tonnerre,
Armé pour châtier les crimes de la terre.

   Toutefois, triomphant, il demeure surpris
Qu'un si sanglant exploit soit d'un si faible prix.
Son ame, de dépit secrètement atteinte,
S'étonne que ce fort, dans sa chétive enceinte,

Ait, au mépris des siens, résisté si long-tems
A tant d'assauts livrés par tant de combattans.
Maître de ses débris tantôt si formidables,
Il admire en héros ses efforts incroyables ;
Puis sur ses défenseurs arrêtant ses regards,
Contemplant ces guerriers tués sur leurs remparts,
Il se sent, malgré lui, touché de leur carnage :
Il plaint leur généreux et funeste courage ;
Il en est attendri.... mais un tel sentiment
Au même instant fait place à son ressentiment.
La haine dans son cœur aussitôt se réveille.
Tel un lion piqué par le trait d'une abeille,
Sort tout à coup du calme où, parmi les forêts,
Le tenaient assoupi ses desirs satisfaits :
Il rugit, bat ses flancs, agite sa crinière,
Et brûle d'assouvir sa rage meurtrière.

　　Ainsi le fier sultan éprouve tour à tour
Le dépit, la fureur, la vengeance et l'amour.
Impérieux tyran qui subjugue son ame,
Son courroux ne voit plus qu'Elvire, que sa flamme
Un fatal souvenir égare son esprit.
Tout plein de son malheur, lui-même il s'applaudit
Des maux qu'il a causés, des meurtres, des ravages
Qui, depuis tant de jours, désolent ces rivages :

Il veut qu'à son pouvoir tous les remparts réduits,
Soient par un fer vengeur et frappés et détruits ;
Que l'on rase les murs ; que l'île entière expie
L'odieux attentat d'un traître à sa patrie.

    Alors, foulant aux pieds ses ennemis défaits,
« Jouis, dit-il, jouis de mes vœux satisfaits,
« Elvire!... et vois enfin ces corsaires profanes
« Par moi, par mon amour immolés à tes mânes :
« Assouvis avec moi tes longs ressentimens ;
« Vengeons-nous des auteurs de nos affreux tourmens,
« Et que, devant nos yeux, leurs corps sans sépulture,
« De l'avide vautour deviennent la pâture ».
Il dit, et par son ordre on comble les fossés.
Des malheureux Chrétiens les corps sont dispersés.
Hors des murs, dans les champs, traînés avec outrage,
De leur rigoureux sort ils présentent l'image.
Le furieux sultan veut qu'ils n'aient pour tombeaux
Que l'estomac impur des chiens et des corbeaux.
Ainsi cruellement par lui déshonorée,
Gissait de ces héros la dépouille sacrée.

    Tandis que Soliman, poussé d'un tel transport,
Épuise ses rigueurs dans l'enceinte du fort ;
Qu'il ruine ses murs, qu'il détruit ses ouvrages,
La consternation planant sur ces rivages,

Y porte avec le deuil de funestes récits,

Et court des Chevaliers effrayer les esprits.

Dans le bourg, dans les forts, dans la cité notable,

Elle dit du sultan la vengeance implacable :

Elle y sème le trouble, et jette la terreur

Dans tous les cœurs glacés d'une secrète horreur.

Des soldats éperdus, des Chevaliers en larmes,

Lavalette lui-même a senti les alarmes.

Toutefois ce mortel sait les dissimuler.

Les chagrins, son malheur, rien ne peut l'ébranler :

Aux revers qu'il essuie opposant son courage,

Il garde un front serein au milieu de l'orage.

Son exemple soutient, ranime ses guerriers

Et transmet sa grande ame au cœur des Chevaliers.

Brillant d'un saint espoir, devant eux il s'écrie :

« Oui, succomber ainsi, mourir pour sa patrie,

« Amis, c'est triompher plutôt qu'être vaincu ;

« C'est pour la gloire enfin avoir assez vécu.

« Du plus beau dévoûment généreuses victimes,

« Plusieurs de nous sont morts en guerriers magnanimes :

« Ils n'ont cédé qu'au nombre. Eh ! combien leur valeur

« N'a-t-elle point coûté de sang à leur vainqueur !

« Que de travaux encor sur ces remparts l'attendent !

« Songez qu'avec le ciel des héros les défendent.

« Quel que soit son espoir, en ce jour malheureux,

« Que pourra Soliman, si Dieu combat pour eux?

« Ne nous effrayons point d'une menace vaine!

« Encor quelques combats, et sa perte est certaine.

« Voyez de ses guerriers les flots diminués,

« Ses bataillons mourans, ses Musulmans tués.

« Déjà, tristes fléaux, la faim, la maladie,

« Poursuivent son armée, à sa voix enhardie,

« Mais qui bientôt courant à de nouveaux hasards,

« Viendra creuser sa tombe au pied de nos remparts ».

Ce discours, qu'il prononce avec la noble audace

D'un cœur inébranlable au fort de sa disgrâce;

Le feu vif et sacré qui brillait dans ses yeux ;

Sa constance, et sur-tout l'exemple impérieux

D'un courage cent fois vainqueur de l'infortune,

Ecartent des esprits une crainte importune :

Ils recouvrent soudain cette intrépidité ,

Dont la vertu s'accroît avec l'adversité.

Dieu met en eux sa force invincible et suprême :

Aucun des Chevaliers, aucun des soldats même,

Qui de leurs frères morts n'enviant le trépas,

Ne brûle de voler aux plus sanglans combats.

Le sort de ces guerriers d'audace les enflamme :

Un secret désespoir s'empare de leur ame.

Tous, en les imitant, jurent de les venger ;
Et tous, pour le braver, invoquent le danger.
　　Déjà, le front paré de l'éclat des étoiles,
La nuit sombre venait de déployer ses voiles :
Ils couvraient à la fois les villes, les hameaux.
L'ombre régnait au loin sur la terre et les eaux.
C'était l'heure, où d'abord la nature en silence,
D'un sommeil salutaire éprouve la puissance.
Tout reposait au sein d'un calme assoupissant,
Les Chrétiens dans leurs murs et les Turcs dans leur camp.
Alors parut du ciel la fille bienfaisante,
La Charité, déesse humble et compatissante,
Qui seule des mortels pleurant l'adversité,
Se plaît à secourir la frêle humanité.
Vers des antres obscurs, tandis que tout sommeille,
Elle porte ses pas, et doucement réveille
De simples villageois, mortels laborieux,
Qui, pour fuir les combats, habitaient en ces lieux.
　　Dans sa divinité, dont l'aspect les étonne,
Ils n'ont vu qu'en tremblant l'éclat qui l'environne :
Mais sa touchante voix, son œil, son front serein,
Dans leur trouble secret les rassurent soudain :
Ils sont tous en extase ; et l'auguste Déesse
Leur dit, d'un ton mêlé de peine, de tendresse :

« Habitans de ces bords autrefois plus heureux,
« Que l'humanité plaint votre sort rigoureux !
« Mais, ô mortels ! combien est plus affreux encore
« Celui de ces héros que la guerre dévore !
« En se sacrifiant, ces illustres guerriers
« Défendent vos enfans, vos femmes, vos foyers ;
« Et traînés, avilis sur ces sanglans rivages,
« Leurs corps éprouveront le dernier des outrages !
« Ils serviront de proie aux vautours affamés !
« Dans ces tombeaux impurs ils seront enfermés !
« Mortels, n'endurons point une pareille injure.
« Tout est calme, tout dort. Que la nuit vous rassure !
« A l'aide de son voile, allons les recueillir ;
« Sauver leurs restes chers, et les ensevelir ».
La Déesse, à ces mots, fait passer dans leur ame
Une secrète ardeur, parcelle de sa flamme.

Dans la plaine, séjour qu'habite le trépas,
De leur céleste guide ils ont suivi les pas.
La lune secondant leur zèle charitable,
Autour d'eux répandait un rayon secourable :
Elle entr'ouvrait la nue ; et son pâle flambeau
Ajoutait à l'effroi d'un si triste tableau.
Au sein d'un champ, creusé des mains de la nature,
Ils choisissent d'abord le lieu de sépulture :

Ils en ouvrent la terre, ardens, encouragés
Par le sacré pouvoir dont ils sont protégés,
Et préparent ces lieux à recevoir la cendre
Des illustres guerriers, tués pour les défendre.
Enfin de ces mortels ils y portent les corps.
La Charité dirige et soutient leurs efforts.
Quel spectacle pour eux! un lugubre silence;
De la cruelle mort la sinistre présence ;
Ce néant, cette nuit ; une secrète horreur,
Tout inspirait le deuil, le trouble et la terreur.
Mais dans leurs saints travaux rien n'arrête leur zèle :
Il prend, loin qu'il faiblisse, une force nouvelle ;
Et ces cœurs animés d'un pieux dévoûment,
Renferment les Chrétiens au sein du monument.
On ne les couvrit point de la pompe du marbre.
Leur unique ornement fut la cime d'un arbre,
Dont le feuillage épais, en s'étendant sur eux,
Leur devait tenir lieu d'emblème somptueux :
A quoi leur servirait un faste périssable?
Le tems, de son burin, sur un acier durable,
A gravé les vertus et les travaux guerriers
De ces mortels, par lui couronnés de lauriers.

Bientôt la nuit paisible achevant sa carrière,
Allait céder le ciel au Dieu de la lumière.

Lavalette éveillé, par des soins dont l'excès

Et l'agite et le presse au sein de son palais,

Se lève, adresse aux cieux une prière ardente ;

Et prêt à soutenir une attaque sanglante,

Il sort avant le jour, et court sur ses remparts,

Du destin qui l'attend prévenir les hasards.

Mais à peine plongé dans un profond silence,

Il roule en son esprit cent projets de défense,

O surprise ! ô prodige ! au milieu des éclairs,

Descend un être ailé, de l'empire des airs.

Son visage était fier et sa taille imposante :

Il portait dans ses mains la foudre et l'épouvante.

Il s'adresse au grand-maître et lui parle en ces mots :

« Guerrier, dont le tourment, si digne d'un héros,

« Intéresse le ciel qui dans ces lieux m'envoie,

« Cessez à des chagrins de vous livrer en proie.

« Un Dieu juste et puissant veille à votre secours.

« De vos sanglans revers il a borné le cours.

« Ministre du Très-Haut, je viens, dans cette enceinte,

« Vous armer des carreaux de sa colère sainte.

« De sa justice enfin je remplis les décrets.

« C'est moi, qui découvrant de merveilleux secrets,

« Long-tems avant ce jour, à l'humaine science,

« Ai de mille trésors enseigné l'existence.

« Du savant ici-bas je conduis les travaux :

« Enfantant, chaque jour, des miracles nouveaux,

« Je guide sa recherche au centre de la terre,

« Où de tout ce qu'il voit j'explique le mystère.

« Mon savoir, mon génie embrasse l'univers ;

« Et je nuis aux mortels ainsi que je leur sers.

« Hélas ! combien de fois, dans leurs tristes querelles,

« N'ont-ils point eu recours à mes armes cruelles !

« Mais que ne feront pas celles-ci dans vos mains ?

« Recevez-les, seigneur, pour changer vos destins.

« La foudre n'eut jamais un effet plus terrible.

« Ce fatal composé, mélange combustible,

« Avec effort lancé dans les rangs ennemis,

« Confondra, détruira leurs bataillons surpris.

« Dans ces cercles de soufre enchaînez leur courage !

« Qu'un bitume brûlant leur porte le carnage ! »

   Il dit, et dans les mains du héros satisfait,

Il remet le présent qu'un puissant Dieu lui fait ;

Lui révèle à la fois, pour qu'il les multiplie ,

Des secrets destructeurs, salut de sa patrie ;

Puis, remontant aux cieux, de gloire environné,

Il laisse dans ses murs Lavalette étonné.

Ce prince, dont le ciel relève l'espérance ,

En ses divins bienfaits a mis son assurance :

Il vole vers les siens, les exhorte, et prescrit
Des travaux qu'il surveille et lui-même il conduit.
On s'empresse, on déploie un zèle infatigable.
Le salpêtre, le soufre, un mélange inflammable
De matière visqueuse et de corps résineux,
Dix fois sont appliqués sur des cercles nombreux,
Dont le bois mince et sec autour de soi recèle
Le désastre, l'effroi, la mort la plus cruelle.
    Le jour en ce moment lançait ses premiers traits :
Il voit, à son lever, ces sinistres apprêts,
Et les Chrétiens déjà, du haut de leurs murailles,
Défiant les périls et le sort des batailles.
De plus d'espoir les cœurs ne brillèrent jamais.
Cependant Soliman, tout fier de ses succès,
Sort de son camp, pareil à la vague bruyante
Qui fond sur un navire au sein de la tourmente :
Il paraît le premier, suivi de combattans,
Distingués et choisis parmi ses Musulmans.
Des feux croissans du jour leur armure éclatante,
Offrait dans ses reflets une pompe étonnante.
Mille éclairs en sortaient ; et ce vif appareil
Sans cesse s'allumait aux rayons du soleil.
    Phœbus courait fournir sa brillante carrière.
Avant lui, réveillé par sa rage guerrière,

Dès l'aube du matin, l'inquiet Soliman
Du plus terrible assaut avait conçu le plan.
Déjà sur divers points il est prêt à l'étendre :
Il prétend, quelqu'ardeur qu'ils aient à se défendre,
Oter aux assiégés, dans leurs forts moins nombreux,
Les moyens d'échapper à tant d'efforts contre eux.
Il a dit : Et soudain sa redoutable armée,
A son ordre suprême en tout s'est conformée.
Ici, c'est Mustapha qu'enflamme sa faveur,
Qui de ses escadrons guidera la valeur.
Plus loin, sous Piali, combattront ses corsaires,
Tandis qu'il va lui-même, avec ses janissaires,
Au plus fort des périls, sur le front des remparts,
Arborer du Croissant les pompeux étendards.
Hascen, non moins jaloux d'illustrer sa vaillance,
Témoigne pour l'assaut sa noble impatience :
Il conduit des soldats fiers de marcher sous lui,
Et qui dans sa prudence ont fondé leur appui.
Digne ami de Dragut, en leur ame il remplace
Ce héros dont l'exemple excitait leur audace.
    Par ordre de leurs chefs, vingt bataillons d'abord
Des remparts de la Sangle investissent le port ;
Puis, jusqu'au pied d'un mont prolongeant leur phalange,
Ils enferment le bourg et la cité Saint-Ange.

Là, le salpêtre éclate avec un bruit affreux ;
Là, tels que des volcans, des bronzes monstrueux ;
Gorgés de sels poudreux, matières dévorantes,
Vomissent de leurs flancs des masses foudroyantes.
L'air embrasé mugit d'un horrible fracas,
Tandis que du Mandrace et du mont Scéberras,
Tonnent contre les forts d'infernales machines,
Non moins que de carnage avides de ruines.
Mustapha les dirige, en presse les hasards,
Et ceint les monts voisins de puissans boulevards,
D'où les siens, à l'abri, comme en un sûr asile,
Accablaient, ruinaient l'un des remparts de l'île.
    Déjà même au pouvoir de ce malheureux fort
Il ne demeurait plus que le môle et son port ;
Et pour les emporter, bouillant d'impatience,
Piali, dont l'espoir accroît sa confiance,
Y prétend pénétrer, y veut, au même instant,
Se couvrir de l'éclat d'un triomphe important.
Mais les flots traversés par une énorme chaîne,
Et protégés des feux de la rive prochaine,
Des remparts menacés lui défendaient l'accès,
Et repoussaient de là ses belliqueux projets.
Dévorant son dépit, rêveur, l'ame interdite,
Long-tems sur ses desseins le fier bacha médite.

Tout à coup rayonnant, s'offre à son œil surpris
L'un de ces immortels, secourables esprits,
Qui souvent des humains éclairant la pensée,
Maîtrisent la fortune à leurs vœux opposée.
Cet habitant des airs, génie inspirateur,
Est du jeune amiral le secret protecteur.
Imposant et serein, son radieux visage
Allie à la douceur les graces du jeun âge.
Signe de son pouvoir, un sceptre est dans sa main,
Et de son front jaillit un feu pur et divin.

    Mais c'est l'Amour qui prend cette pompeuse image ;
Qui, sous des traits sacrés dérobant son visage,
Prétend, au nom du ciel, inspirer l'amiral,
Et sur l'heure aux Chrétiens porter le coup fatal.
Au héros musulman, en ces mots, il s'adresse :
« Quittez, dit-il, quittez le souci qui vous presse,
« Seigneur, et des remparts du rivage prochain
« Hâtez-vous d'éviter le redoutable airain :
« Allez, et soutenus de vaillans janissaires,
« Courez jusques au port diriger vos galères.
« C'est à force de bras, à l'aide de rouleaux,
« Qu'à l'instant il y faut transporter ces vaisseaux ;
« Qu'il faut, à la faveur d'un travail si pénible,
« Tenter une escalade à la valeur possible,

« Tandis que les Chrétiens, pressés par Soliman,
« Ardens à résister aux armes du sultan,
« Porteront tout l'effort de leur vertu guerrière .
« Aux seuls lieux où fondra la foule meurtrière ».
En achevant ces mots, l'esprit a disparu.
Par lui, dans son tourment l'amiral secouru,
Recouvre son espoir, se livre à son courage,
Et toutefois au ciel rend un pieux hommage.
Mais il court accomplir son funeste projet.
Du desir qui le presse unique et digne objet,
L'important boulevart qu'il brûlait de surprendre,
Eut en vain contre lui prétendu se défendre.

   Dans ce péril, Osmand s'adresse à Lascaris;
Et lui peignant l'effroi qui glace ses esprits,
Il lui dit en secret : « Seigneur, Malte succombe :
« Piali des Chrétiens y va creuser la tombe.
« Ces forts, tout doit céder à son dessein fatal;
« J'y vois le Musulman, l'Algérien brutal,
« Sur d'illustres mortels, devenus ses victimes,
« Signaler des horreurs qu'il croira légitimes :
« Au nom du sang chrétien qui vous donna le jour;
« Au nom de vos vertus, au nom de cet amour
« Qui vous anime encor pour la loi de vos pères,
« Souffrez que nous volions au secours de nos frères;

« Que moi, qu'Elise même, échappés à l'instant,
« Courions les prévenir du sort qui les attend ».
«Moi! répond Lascaris, que je vous abandonne!
« Non, non. Le ciel, ma foi, mon devoir, tout l'ordonne;
« Je vous suivrai ; j'irai laver mon déshonneur
« Parmi vos Chevaliers, si grands dans leur malheur».
Sans doute, cette fois, il sentit en lui-même
D'un Dieu qui lui parlait la volonté suprême.

   Aussitôt ce mortel emmène Elise, Osmand,
Les conduit vers la mer, profite du moment
Où les Turcs sans soupçon, et pleins d'impatience,
Travaillaient au succès de leur projet immense.
Aux Chrétiens, à l'insu de l'ardent amiral,
Son turban qu'il déploie est donné pour signal.
Par des gestes pressés, il annonce, il exprime
Le secret sentiment, le zèle qui l'anime.
Dans ses desirs muets il est compris d'abord,
Et bientôt un esquif l'emporte à l'autre bord :
Il court, accompagné d'Elise et de son frère,
Porter aux assiégés un avis salutaire.
Admis devant leur chef, il lui fait un récit
Qui tour à tour l'étonne et d'effroi le saisit.
Toutefois Lavalette, avec magnificence,
De l'avis qu'il reçoit reconnaît l'importance.

Pour tromper l'ennemi, prévenir son dessein,
Dans l'enceinte voisine il a volé soudain ;
Il examine tout, le fort et ses rivages ;
Il y fait ajouter de belliqueux ouvrages :
Il rehausse les murs, étend leurs boulevarts,
Arme et défend sur-tout le pied de ces remparts.
Partout il rend du port l'approche impraticable.
Profitant de la nuit, dont l'ombre favorable
Avait déjà du jour suspendu les travaux,
Il porte sa défense au fond même des eaux.
De pieux fixés dans l'onde il forme une barrière,
Heureuse invention, palissade guerrière,
Dont le prompt assemblage et la solidité
Opposent leur entrave à l'assaut médité.
Un travail si pressant dura la nuit entière ;
Et quand des feux du jour l'agile avant-courrière
Revint sur ce rivage éclairer les mortels,
Piali réveillé par ses projets cruels,
Accourt et près du port qu'il trouve inaccessible,
Témoigne sa surprise et son dépit terrible :
Il frémit en voyant l'obstacle inattendu.
Mais bien loin que son cœur en demeure vaincu,
Il s'arme de constance, et veut que le courage
Aille à travers ces pieux se frayer un passage.

Par son ordre, déjà, la hache sur le dos,
D'impétueux soldats s'élancent dans les flots.
Maîtres de la barrière et s'élevant sur elle,
D'une main que dirige et la force et le zèle,
Ils font pleuvoir l'acier d'un fatal instrument,
Complice audacieux de leur acharnement.

Aux coups multipliés qu'au loin ils font entendre,
L'alarme dans les murs court soudain se répandre :
On croit le fort surpris par l'ennemi vainqueur.
Tel qu'un ours, qui des monts s'est rendu la terreur,
Aux regards des mortels dérobant sa retraite,
Pour asile a choisi quelque roche discrète ;
S'il entend du clairon l'accent rauque et bruyant,
Dans son antre couché, tout à coup s'effrayant,
Il se lève... il regarde... il écoute en silence...
Si le bruit croît, soudain songeant à sa défense,
Il sort de sa caverne, et s'offre menaçant
A qui vient lui livrer un assaut impuissant.
Tels effrayés d'abord, mais surmontant la crainte,
Accourent les Chrétiens pour sauver leur enceinte.
Le péril enhardit, rend les cœurs plus ardens ;
Et soldats, matelots, l'épée entre les dents,
Sur les flots élancés, se pressent, à la nage,
De voler où chacun médite le carnage :

Aux Musulmans atteints ils livrent un combat
Et sanglant et nouveau, mais pour eux plein d'éclat.
Contre eux on se défend ; et cette résistance
Accroît et leur audace et leur impatience.
De la lourde coignée ils bravent le tranchant ;
Et tous, pleins de fureur, aux poutres s'attachant,
Y gravissent bientôt, emportés par un zèle
Qu'excite dans leur ame une rage nouvelle.
Enfin les Ottomans, des pieux précipités,
Sont partout mis en fuite et partout arrêtés.
Leur sang rougit les flots : on en fait un carnage,
Pour l'amiral déçu triste et sanglant présage.

FIN DU CHANT DOUZIÈME.

LA MALTÉIDE.

CHANT TREIZIÈME.

SOMMAIRE.

CHANT TREIZIÈME.

Maintenant, qui dira ces travaux éclatans,
Ces assauts, ces exploits de tant de combattans?
Quel pinceau tracera ces scènes de carnage,
Ces spectacles sanglans, triomphe de la rage,
Où, tour à tour l'audace, un cruel dévoûment
Attestent leur furie et leur acharnement ?
Quand j'aurais une voix à l'égal du tonnerre ;
Pût-elle retentir aux deux bouts de la terre,
Trop faiblement encor, dans ces récits d'horreur,
Je dirais des Chrétiens l'héroïque fureur.
Muse, tant de vertu n'est point en ma puissance,
Et de tes seuls accens j'invoque l'assistance.

    Cependant, sans relâche, assiégés, assiégeans,
Font à l'envi mugir leurs bronzes foudroyans.
Sur les murs, hors des murs, règne un fracas horrible.
Les coups multipliés, l'irruption terrible
De ces foudres tonnans et des monts et des forts,
Couraient semer l'effroi sur ces malheureux bords,

Y versaient, à grands flots, des torrens de fumée
Sous l'ardent aiguillon de la mèche allumée.
L'île, de ses remparts, jusqu'au mont Calcara,
N'était plus qu'un Vésuve, un autre mont Etna ;
Et sa longue tempête, organe de la guerre,
Eternisait le bruit d'un effrayant tonnerre.
A travers tant de feux, poussé par sa valeur,
L'impatient Sultan fond au champ de l'honneur :
Il précède à l'assaut sa formidable armée.
De sa guerrière ardeur la foule est enflammée ;
Et par son ordre, Hascen et ses Algériens
Courent, le long du port, attaquer les Chrétiens.
L'amiral en conçoit la plus haute espérance ;
Il s'obstine, il poursuit avec plus d'assurance,
Tandis que Soliman, dans ces mortels assauts,
Partout de ses soldats dirige les travaux.

Lui-même des périls invoquant la présence,
Vers les murs ébranlés comme un trait il s'élance ;
Et l'œil en feu, suivi de bataillons altiers,
Il porte la terreur aux plus fiers Chevaliers.
Le bruit de ses exploits court dans toute l'armée :
Aux soldats, à leurs chefs, l'agile Renommée
Dit et redit cent fois les rapides efforts
Du sultan déjà prêt à réduire un des forts.

A ces bruits, leur valeur, comme une flamme ardente
Qu'excite encor des vents l'haleine impatiente,
S'accroît, et tout d'un coup transporte les esprits,
Du succès de leur prince et flattés et surpris.
Le dévoûment, en eux, la fureur se ranime.
Tous, dans l'emportement d'une rage unanime,
A l'assaut acharnés, redoublant de vigueur,
S'efforcent d'égaler le monarque vainqueur.

Cependant les bachas, avec non moins d'audace,
Sans que nul en courage, en exploits se surpasse,
Ne cessent de chercher, de tenter les moyens
D'arracher la victoire aux armes des Chrétiens.
Hascen, dans cet assaut, lassé de leur défense
Court ailleurs du succès couronner sa vaillance.
C'était au pied d'un roc, vers un golfe prochain,
Que l'appelait l'espoir d'un triomphe certain.
En ce lieu resserré, la mer sombre et profonde,
Dans un calme trompeur laissait dormir son onde.
Hascen, de qui ce golfe a séduit les regards,
Se presse de gagner, d'emporter ses remparts :
Il arme des esquifs, cingle vers le rivage,
Y vole, et tout à coup, ô surprise! ô carnage!
De la cime du roc, des bronzes meurtriers
Coulent au sein des flots et barques et guerriers.

Mais, loin qu'il s'en étonne, il brave tout, arrive,
Le premier se dévoue, et saute sur la rive
Où, de tous ses soldats déployant la valeur,
Il s'efforce de vaincre, en dépit du malheur.
Quel déluge de feux sans relâche il essuie !
Sur lui fond de l'airain une homicide pluie :
Il l'affronte, rallie aussitôt ses soldats,
Et les force à voler au devant du trépas.

  Entre eux et les Chrétiens un long combat s'engage.
Alors que ne font point et l'audace et la rage ?
Un fatal désespoir saisit les Musulmans,
Les attache en ces lieux de salpêtre fumans.
Bravant le feu, le fer, sur le roc ils gravissent,
Et glorieux rivaux dans le sort qu'ils subissent,
Jusqu'au sommet des murs ils brûlent d'arriver,
Et tous, en s'immolant, prétendent l'enlever.
Partout vole la mort ; partout, avec le trouble,
A l'égal du fracas le carnage redouble.
Le fort demeure en proie aux plus cruels hasards ;
Et des ruisseaux de sang coulent de ses remparts.

  De ces guerriers tout prêts à saisir la victoire,
L'amiral aussitôt court partager la gloire ;
Mais tandis qu'il débarque à la tête des siens,
Animés par leur chef, les fiers Algériens,

Jaloux de ne devoir qu'à lui seul leur conquête,
Des murailles enfin escaladent le faîte.
Là, quel surcroît d'horreur et quel massacre affreux!
Guiméran, qui commande à des cœurs valeureux,
Résiste, mais en vain, à l'altière cohorte,
Dont le nombre bientôt sur les Chrétiens l'emporte.
Des bataillons déjà couvrent ce boulevart,
Et du Croissant y flotte à l'instant l'étendart.
    A ce honteux aspect, les Chevaliers frémissent.
Furieux, ces mortels soudain se réunissent;
Et sans être effrayés de leur nombre inégal,
Rengagent un combat aux deux partis fatal.
Dans ce terrible assaut, les piques, les épées
Sont d'un sang ennemi cruellement trempées.
La rage en ce moment les dirige au hasard:
A leur défaut, bientôt on s'arme du poignard.
Plus cruel il remplace et l'épée et la lance
Dont le fer qui se brise est alors sans puissance;
Il sert des deux côtés une assassine main,
Et frappant de plus près, donne un trépas certain.
La fureur s'en accroît: on se mêle, on se presse;
On se saisit, on lutte; et la force ou l'adresse,
Décidant par ses coups du sort des combattans,
Soutient seule en ce choc les Chrétiens haletans.

Nul qui de tout son sang ne se montre prodigue !
Mais la mort qui les frappe ; une extrême fatigue,
L'épuisement déjà prêt à s'emparer d'eux,
Allaient réduire enfin des cœurs si généreux.
Aussitôt vers le ciel élevant sa prière :
« Dieu ! cria Guiméran, qu'une grâce dernière
« M'accorde le salut de ces vaillans Chrétiens !
« Défenseurs de nos murs, ils sont aussi les tiens.
« Protège leurs efforts ; conserve à tous la vie,
« Et qu'à ce prix, grand Dieu ! la mienne soit ravie,
« Je t'en conjure... » A peine il proférait ces mots,
Tel qu'on voit, quand des airs a cessé le repos,
En butte à l'aquilon, et jouet de l'orage,
D'un vieux chêne ébranlé s'agiter le feuillage,
Tel on sentit le roc tout à coup se mouvoir
Et céder à la main d'un céleste pouvoir.
Un long mugissement s'éleva de la terre.
Le ciel y répondit par des coups de tonnerre ;
Et, trois fois, sur les murs l'éclair darda ses feux.
Cet étonnant prodige est un présage heureux.
Troublant les Turcs, il rend aux Chrétiens l'assurance,
Et rappelle en leur cœur l'audace et l'espérance.
Le courage redouble et la force renaît.
Déjà tout en ressent le redoutable effet.

Au même instant Gioux, vaillant chef des galères,
Vole des lieux voisins au secours de ses frères :
Il menait avec lui Ruiz et Médina,
Et Quincy que jamais nul danger n'étonna.
Ces Chevaliers, suivis de soldats intrépides,
Vers le roc et ses murs portent leurs pas rapides.
Demonté qui les voit a grossi leur secours :
Il veut ou triompher ou terminer ses jours.
Emporté par le feu de son bouillant courage,
Au sein des Musulmans il fond, s'ouvre un passage,
Et les presse et les force, et saisit l'étendard,
Dont la toile flottait au sommet du rempart.
Ils font tous, lui, les siens, des efforts incroyables.
Gioux, Quincy, non moins hardis et redoutables.
Frappent leurs ennemis avec tant de fureur,
Qu'ils en sont ébranlés, et troublés de terreur :
A ce vigoureux choc vainement ils résistent.
Dans leur première ardeur les Chevaliers persistent ;
Et les Algériens, par les destins trahis,
Sont renversés des murs qu'ils avaient envahis.
Hascen de tels combats supportant la tempête,
Pour attaquer encore, à chaque pas s'arrête :
Il redouble et d'audace et d'intrépidité :
Mais, contraint de céder à la nécessité,

Il laisse à Piali le soin de sa vengeance,

Et court porter ailleurs sa funeste présence.

    Candelissa demeure en ce choc périlleux.

Lieutenant du bacha, qu'il remplace en ces lieux,

Il s'efforçait encor, fidèle à sa promesse,

De remplir le serment qu'il fit à sa maîtresse.

Grec et chrétien jadis, un jour que son destin

L'appelait aux hasards d'un voyage lointain,

Il fut pris et traîné sur un cruel rivage,

Où tout mortel conduit gémit en esclavage :

Il était dans cet âge où l'homme à la vigueur

Joint le charme imposant d'un noble extérieur.

Nadzar le vit, l'aima. La plus ardente flamme

Pour lui dès ce moment s'alluma dans son ame.

Son image, ses traits sont gravés en son cœur.

Tel, au tems des frimas, le pied du voyageur,

Imprimé dans le sein de la neige nouvelle,

Y laisse de ses pas une trace fidelle.

    Fille d'un amiral, elle sortait d'un sang

Qui soumettait ses feux au devoir de son rang ;

Mais cette fois l'amour, prompt à triompher d'elle,

Lui fit porter le poids de sa chaîne cruelle :

Au joug de son esclave il asservit son cœur,

Et de tous ses efforts demeura le vainqueur.

Long-tems elle voulut, fière de sa naissance,
De cet étrange amour surmonter la puissance :
Il fallut obéir, et plier sous la loi
D'un Dieu, souverain maître et du pâtre et du Roi.
    Lasse enfin des ennuis d'un cœur qui dissimule,
Nadzar, dans les tourmens du feu dont elle brûle,
A déjà commandé d'amener son captif :
Il paraît devant elle et confus et craintif.
Elle lui dit : « mortel, si la gloire t'est chère ;
« Si tu veux suivre un jour les traces de mon père,
« Tu peux, en me servant, aspirer aux grandeurs
« Que te vont préparer les plus rares faveurs.
« Je t'aime, je l'avoue ; et si ton cœur partage
« Un amour qui pour toi dans ses liens m'engage,
« Je t'accorde ma main, mes trésors, tous mes biens.
« Mais il faut avant tout renoncer aux Chrétiens :
« Abandonne leur secte, et qu'un serment te lie
« Aux lois de ton amante, aux mœurs de sa patrie ».
    Candelissa troublé tombe à ses pieds soudain.
Tant de bonheur l'aveugle : il accepte sa main ;
Il s'enivre d'espoir ; il promet tout, le traître !
Et tyran de l'honneur, l'amour devient son maître :
Enfin il se relève ; et déjà Musulman,
Devant Nadzar, il va jurer sur l'Alcoran,

Aux Chrétiens qu'il trahit une haine mortelle,
A Mahomet sa foi, son amour et son zèle :
Il se résigne à tout. Mais l'infâme, au moment
Qu'il fallut prononcer le coupable serment,
Entendit, dans le fond de son cœur infidelle,
Un Dieu qui condamnait sa flamme criminelle :
Il s'efforçait en vain d'étouffer ses remords.
Dans son trouble secret ; dans les premiers transports
D'une ardeur à la fois impie, illégitime,
Il subissait déjà la peine de son crime.
Mais son desir l'emporte : il promet, le cruel !
En jurant à Nadzar un amour éternel,
De lui sacrifier et la loi de ses pères,
Et la foi qu'il avait en nos sacrés mystères :
Il devient des Chrétiens l'implacable ennemi.
A cet affreux serment, dont lui-même a frémi,
Il ajoute : « Je jure, avant que l'hyménée,
« Madame, à vos grandeurs n'ait joint ma destinée,
« D'aller dans Malte, un jour, sur ses rochers fumans,
« Assouvir, de ma main, vos longs ressentimens ;
« D'y saisir son grand-maître, et fier de ma conquête,
« D'apporter à vos pieds l'hommage de sa tête.
« En délivrant les mers de son ambition,
« De tout son sang versé scellons notre union ».

Il n'exécuta point ce projet détestable ;
Mais dans sa trahison il fut inébranlable.
Rien ne put l'en distraire ; et son cruel amour
Lui fit tout affronter en ce funeste jour.
Sur les bords qu'il occupe, il prétend non sans gloire,
Des mains des assiégés arracher la victoire.
Déjà, dans sa fureur, pour forcer les soldats
A vaincre le péril, à braver le trépas ;
Pour ne leur laisser plus d'espoir qu'en leur courage,
Il a fait éloigner tout esquif du rivage.
C'était dire : «Soldats ! il faut vaincre ou mourir ».
Tous au seul désespoir n'ont plus qu'à recourir.
Leur zèle s'en accroît : dans l'effort qu'il excite ,
A travers les hasards chacun se précipite ;
Et malgré l'ennemi qui, sur le roc fumant,
De ces cœurs assassins combat l'acharnement,
Leur intrépide audace, à tout déterminée ,
Oppose aux Chevaliers une rage obstinée.

FIN DU CHANT TREIZIÈME.

LA MALTÉIDE.

CHANT QUATORZIÈME.

SOMMAIRE.

Les troupes de Piali sont mises en déroute. Ce chef, entraîné dans leur fuite, s'efforce de les rallier. — Secours que lui prête le Démon des combats. — Horrible carnage des Musulmans. — Hascen a fait une nouvelle tentative. — Ses succès. — Quincy est blessé par lui.— Dévoûment de cet illustre chevalier. — Il relève le courage des Chrétiens et succombe à sa blessure. — Prudence d'Hascen dans le choc qu'il soutient. — Il quitte le fort où il se maintenait par sa valeur, pour voler au secours de Soliman. — Efforts et succès de ce Monarque, qu'un faux bruit avait dit blessé. — Résistance des assiégés, etc.

CHANT QUATORZIÈME.

CEPENDANT Piali, bouillant, impétueux,
Comptant sur des soldats et vaillans et nombreux,
Fond sur les Chevaliers qui, dans leur lassitude,
Ont peine à soutenir une attaque si rude :
Ils cèdent, un moment, à sa guerrière ardeur.
Mais le péril en eux rappelant la vigueur,
Ils font, dans les transports d'une fureur soudaine,
Des efforts au-dessus de la puissance humaine.
Le plus affreux courroux se mêle au dévoûment :
Il redouble l'horreur. Dans son acharnement,
L'assiégé frappe, atteint, sacrifie à sa rage
Tout ce qui lui résiste et brave son courage.
L'amiral voit alors ses braves Ottomans,
Les uns foulés aux pieds de leurs vainqueurs sanglans,
Les autres s'échappant à leur bras implacable,
Ou tombant sous les coups d'un fer inexorable.
  Ils fuyaient les Chrétiens, quand leur chef belliqueux,
Plein d'un cruel dépit, se jette au milieu d'eux :

Il court, suspend leurs pas, crie, exhorte, menace ;
Il s'arme contre tous d'une éloquente audace ;
Et pour sauver les siens, en cet instant fatal,
A son aide il appelle un génie infernal :
A peine du trépas ce terrible complice,
Monstre ailé, dont la paix fait l'unique supplice,
Courait-il, au séjour de l'ardent Phlégéton,
Ranimer sa fureur dans celle d'Alecton,
Implorer ses secours, y chercher avec elle
Des puissances du Styx la cohorte cruelle,
Il recule surpris. Sur ces lugubres bords,
Il voit sans fin pleuvoir une foule de morts,
D'Ottomans qu'à la vie enlèvent leurs blessures :
Il frémit, sort du sein des demeures obscures ;
Et voilà qu'à ses yeux s'offrent de toutes parts
Des Musulmans défaits les bataillons épars.
Escorté de l'horreur, sa compagne constante ;
D'une aile meurtrière et de sang dégoûtante,
Il vole dans l'armée, y combat la terreur,
Et fait partout céder la crainte à la fureur.
Sans entrailles jamais, ce Démon du carnage
Souffle dans tous les cœurs le dépit et la rage.
De sa voix redoutable, il ranime, enhardit
Le chef déconcerté, le soldat interdit.

Maître des Musulmans, il leur rend l'espérance,
Et rallume en leur sein la soif de la vengeance.
Ralliés à ses cris, la honte sur le front,
Ils brûlent de venger leur perte et leur affront.
Le courroux les saisit ; le zèle les transporte,
Et contre les vainqueurs l'audace les emporte.
Mais trois fois attaquant, et trois fois repoussés,
Ils sont dans leur espoir constamment abusés.
Plus obstinés encor, long-tems sur ce rivage,
Ils eussent du combat prolongé le carnage,
Si bientôt un renfort qui vole et fond sur eux,
N'eût terminé ce choc et sanglant et douteux.
Corbinelli, Sada, tous deux nés dans Florence,
Adorne le génois, Ferrier, natif de France,
Eux et soldats, poussant tous à la fois des cris,
Chargent, à coups pressés, les Musulmans surpris ;
Et, comme des lions, de sang, de meurtre avides,
Frappent tout ce qui s'offre à leurs coups homicides.
  Rien ne peut résister à ces fiers Chevaliers ;
Tout fuit. L'amiral même a suivi ses guerriers.
Nul chemin, nul obstacle alors ne les arrête ;
Ils ont perdu chacun tout espoir de conquête,
Pareils à des béliers, qu'un orage bruyant
Met en fuite aux éclats d'un tonnerre effrayant.

Vainement le berger, qui se trouble lui-même,
Veut réprimer l'essor de leur frayeur extrême.
Le timide troupeau ne connaît plus sa voix ;
Il franchit, dans sa peur, et les monts et les bois.
    Tels les Turcs égarés, pressés dans leur défaite,
Loin des murs foudroyans cherchaient une retraite.
Candelissa lui-même est frappé de terreur :
Avec l'espoir il perd tout à coup sa valeur.
Pour fuir le châtiment d'un apostat, d'un traître,
Il renonce au projet de saisir le grand-maître ;
Et par lui les esquifs repris honteusement,
Servent de sa frayeur le lâche empressement.
Mais en vain ses soldats s'obstinent dans leur fuite.
Le carnage et l'horreur volent à leur poursuite.
    A peine rembarqués, foudroyés par le fort,
Au fond de l'onde amère ils vont subir la mort.
Quel spectacle ! Bientôt de leur poids surchargées,
On ne voit sur les eaux que barques submergées.
Rien ne peut rassurer les esprits éperdus.
Ceux qui sont demeurés, interdits, confondus,
Dans l'espoir de fléchir le soldat en furie,
Embrassent ses genoux et demandent la vie.
Le courroux à leur voix a fermé tous les cœurs :
Ils sont sacrifiés par la main des vainqueurs.

En vain, épouvantés d'un si sanglant carnage,
Plusieurs au sein des flots s'élancent du rivage.
La crainte les aveugle ; et pour fuir le danger,
Dans le gouffre des mers ils courent se plonger.
Quel destin les poursuit ! l'airain qui sur eux tonne,
Signale horriblement le trépas qu'il leur donne.
La vague au loin roulait mille débris épars,
Des cadavres tronqués, des restes d'étendards,
Des corps, des bras flottans, des jambes fracassées,
Des têtes sur les eaux tristement dispersées.
L'horreur était au comble en ce désastre affreux.
Cependant accablé d'un dépit douloureux,
Piali qui ne peut survivre à sa disgrâce,
Veut qu'au prix de son sang la honte s'en efface.
    Mais plus heureux, Hascen affrontant les hasards,
Avait d'un autre fort surpris les boulevarts :
Assuré de sa rive, et maître de son mole,
Il en pressait l'assaut aux portes de Bormole ;
Et déjà sur les murs ses drapeaux arborés,
Précédaient, excitaient ses bataillons serrés.
Le fort, dès ce moment, tombait en sa puissance,
Si des remparts voisins, volant à sa défense,
Demonté, Médina, Ruiz, Quincy, Gioux,
Dans ce lieu menacé n'eussent porté leurs coups.

Hascen a ressenti leur vigoureuse audace.
Celle qu'il leur oppose en efforts la surpasse ;
Et par ses seuls exploits, fier de triompher d'eux,
Il ne peut s'arracher à ce choc périlleux :
Osant tout, bravant tout, ce guerrier redoutable
Devant les Chevaliers demeure inébranlable.
Quincy même est par lui frappé d'un coup mortel.
Ministres du trépas, dans cet assaut cruel,
Chevaliers, Musulmans, emportés par la rage,
N'en présentaient partout que l'effroyable image.
    On combattait toujours, et toujours l'ennemi
Sur le mur emporté demeurait affermi.
Cependant les Chrétiens, et redoublant de zèle,
Et déployant cent fois une force nouvelle,
Pour rompre et disperser ses flots tumultueux,
Sans cesse lui livraient un choc impétueux.
Mais les Algériens, à tant de résistance,
D'une fougue indomptée opposaient la constance.
Assiégés, assiégeans, de fatigue excédés,
De la même fureur se montraient possédés.
D'un côté, dans l'espoir d'un brillant avantage,
Hascen de ses guerriers relève le courage ;
De l'autre, les Chrétiens, au sein de leurs remparts,
Affrontant et la foule et l'horreur des hasards,

Contre leur ennemi toujours plus formidable,
Font, pour sauver leurs murs, un effort incroyable.
  Non loin de là, Quincy sur la terre étendu,
Cédait au coup du sort qui l'avait abattu.
Mais soit que sa blessure, et profonde et cruelle,
Ne dût point l'entraîner dans la nuit éternelle ;
Soit qu'un transport subit, maître de sa douleur,
De ses esprits encor ranimât la vigueur,
Il soulève sa tête... Il voit sur les murailles
Ce qu'a de plus affreux le destin des batailles,
Ses amis sans secours, haletans, harassés,
Au milieu des mourans, au milieu des blessés,
D'un constant désespoir, d'une rage guerrière,
Aux Musulmans encore opposer la barrière.
Il soupire, frémit et cède à sa valeur :
Il se lève ; et lui-même oubliant son malheur,
Il s'arme, court, s'éloigne ; il fond dans la mêlée,
Où le sort lui réserve une fin signalée.
Des cœurs, à son aspect, ô saint étonnement !
Sa présence de tous accroît l'acharnement :
A son aide on accourt. Chacun veut le défendre,
Prodigue un sang pour lui jaloux de se répandre ;
Et chefs, soldats, poussés d'une égale fureur,
Avec l'espoir enfin recouvrent la vigueur,

Ils respirent. Sans doute, en ce moment terrible,
Un Dieu les soutenait de son bras invincible.
Alors et Romégas et Guiral tant de fois
Attaqués et vainqueurs font de nouveaux exploits.
Plus loin tous deux portaient la terreur de leurs armes :
Appelés vers ce fort par mille cris d'alarmes,
Ardens libérateurs ils étaient accourus.
Chevaliers et soldats sont par eux secourus ;
Et changeant en succès tant de destins contraires,
Ils ont rendu la force et la vie à leurs frères.
Devant eux l'ennemi s'est enfin ébranlé,
Et pliant sous les coups, a déjà reculé.
Mais Quincy, dans un choc et si long et si rude,
Tombe épuisé de sang, mourant de lassitude :
Il n'est plus ; et la soif de venger son trépas
D'une farouche audace enflamme les soldats.
    A tant de désespoir, à tant de violence
Hascen n'oppose plus qu'une sage prudence :
Il laisse les Chrétiens s'épuiser en efforts ;
Et lui, ferme, comptant sur de puissans renforts ,
Il réprime, il contient, par une heureuse adresse,
Des plus fiers assiégés l'impétueuse ivresse.
C'est du fort, où combat le monarque vainqueur,
Qu'il espère un secours promis à sa valeur ;

Et cependant il fait tout ce que lui suggère,
En de si grands périls, sa science guerrière.
Tantôt, n'écoutant qu'elle, à l'aide des débris,
Il se fait, au besoin, de sûrs, d'heureux abris ;
Tantôt, s'il faut courir au-devant de l'orage,
Il l'ose, et son salut de lui seul est l'ouvrage.

Mais quel bruit alarmant soudain s'est répandu?
Hascen, Hascen lui-même en demeure éperdu.
Passant de bouche en bouche, une affreuse nouvelle
Sur le sort de son prince épouvante son zèle.
Il apprend le danger couru par Soliman :
Au même instant il part. Dévoué Musulman,
Il suspend son assaut, renonce à sa conquête,
Et de nouveaux hasards court braver la tempête.
C'est au sultan qu'il porte un généreux secours,
Qu'il vient offrir son bras, qu'il vient donner ses jours.
Mais en vain tant de zèle a signalé sa crainte.
De nul trait Soliman n'avait subi l'atteinte ;
Et partout un faux bruit qui sème la frayeur,
Court, publie, exagère un prétendu malheur.

Le monarque, trois fois, poussé par son courage,
S'était jeté vainqueur au plus fort du carnage,
Et trois fois, les Chrétiens méditant son trépas,
Osèrent jusqu'à lui précipiter leurs pas.

Sur la brèche, rival de sa garde fidelle,

A travers mille feux il s'élance avec elle;

Jusqu'au sommet des murs il répand la terreur,

Et porte devant soi le massacre et l'horreur.

Enfin, par lui forcés, les Chrétiens se replient;

Mais d'une même ardeur bientôt ils se rallient,

Et tous, joignant l'audace à l'intrépidité,

Soutiennent du sultan l'impétuosité.

De ce guerrier superbe et de ses Janissaires

Ils sentent redoubler les efforts sanguinaires.

Un dernier désespoir a saisi les soldats.

La rage qui les presse; un terrible fracas,

Le bruit, le cliquetis, le froissement des armes,

Faisaient entendre au loin ces mortelles alarmes:

Un tumulte, pareil au choc des élémens,

Régnait de toutes parts au sein des Musulmans,

Dont les bras meurtriers, dont le fer, dont la foudre

Sur ces remparts fumans allaient tout mettre en poudre.

Jamais tant de fureur en ces lieux n'éclata.

Jusqu'à ses fondemens le fort s'en agita:

Il ne présentait plus qu'une foule sanglante;

Qu'acharnement, qu'objets d'horreur et d'épouvante.

FIN DU CHANT QUATORZIÈME.

LA MALTÉIDE.

CHANT QUINZIÈME.

SOMMAIRE.

Des femmes partagent les périls des Chrétiens : elles défendent avec eux les murs assiégés. —— Épisode de Linna, nièce d'un commandeur de l'Ordre de Malte. —— Soliman presse vivement les Chrétiens.—Leur résistance. ——Le sultan en est ébranlé, et reçoit une blessure. —— Il est emporté sur son vaisseau, dans le lieu où sont les restes d'Elvire. —— Étrange événement qui se passe devant lui. — Les assauts continuent. —— Nouveaux efforts des assiégeans. ——Le grand-maître fait lancer sur eux des cercles embrasés. —— Effets terribles qu'ils produisent. —— Les Musulmans abandonnent la brèche. —— Lavalette les poursuit. —— Bataille entre lui et les Turcs, etc.

CHANT QUINZIÈME.

Bientôt que ne fait point sur les faibles cœurs
L'exemple du courage, en de telles fureurs !
Des femmes, dont la force est plutôt dans leurs charmes,
Affrontent le péril et la flamme et les armes.
Mais, ô cruel Amour ! en quels maux plonges-tu
Ceux dont ta fièvre ardente égare la vertu ?
Quel sentiment aussi, quelle audace intrépide
Ne sais-tu point donner au cœur le plus timide ?
   Dans un des forts vivait une rare beauté,
Image dans ses traits de la divinité.
Nièce d'un commandeur, à sa haute naissance
Elle joignait l'éclat d'une heureuse opulence.
C'était l'objet des vœux des jeunes Chevaliers.
Mais dans un saint respect, ces illustres guerriers,
Lorsque le seul devoir les appelait près d'elle,
De leurs feux indiscrets modéraient l'étincelle.
Un d'eux, sans le savoir, avait blessé son cœur ;
Et la tendre Linna, par un rigide honneur,

Opposant aux desirs les vertus de son ame,
Avait su commander à sa puissante flamme :
Elle aimait, sans jamais que son cœur la trahît ;
Et toujours au devoir son amour obéit.

De ses feux cependant l'insurmontable atteinte
Lui faisait éprouver une dure contrainte ;
Et plus son cœur épris savait dissimuler,
Plus d'une ardeur secrète il se sentait brûler.
D'un amour à ses yeux peint comme illégitime,
Elle était à la fois et maîtresse et victime.
Mais au sein des ennuis d'un penchant malheureux,
Dans les soins, les combats d'un martyre amoureux,
Que son tourment s'accrut, depuis qu'en ces murailles
Chaque jour éclaira de tristes funérailles !

Le plus mortel effroi l'agite et la poursuit.
De la pensée alors elle cherche, elle suit
Le cher et digne objet, dont le jeune courage
Se plaît en des périls qu'absente elle partage.
Sur la brèche, où sans cesse il affronte la mort,
Elle craint pour ses jours les caprices du sort.
Peut-être, se dit-elle, une main meurtrière
Lui ravit-elle hélas ! la vie et la lumière.

Son cœur, à ce penser, de tourmens assailli,
D'amour et de douleur vingt fois a tressailli.

Loin d'un oncle, au moment qu'il court par sa présence,
Des Chrétiens sur les murs diriger la vaillance,
Linna, dans sa frayeur, dans son égarement,
Ne respire, ne voit, n'entend que son amant.
Mais pour le préserver du fer qui le menace,
Que fera son amour? et que peut son audace?
Elle seule, ira-t-elle, en ces hasards mortels,
Emouvoir, attendrir, désarmer des cruels?
Dans le terrible effroi qui la tient éperdue,
Un spectacle étonnant se présente à sa vue.
Des femmes qu'animaient la patrie et l'honneur,
Arrivaient, déployant une guerrière ardeur :
Elles couraient braver le sort et les batailles ;
Elles couraient mourir pour sauver leurs murailles,
Ou du moins partager avec les Chevaliers
Tant de brillans travaux, tant de faits meurtriers.
    A leur aspect, Linna sent naître dans son ame
Une valeur soudaine, un espoir qui l'enflamme :
Elle sort, et l'amour à sa timidité
A donné tout le feu de l'intrépidité.
Elle-même conduit ces femmes généreuses,
Que le péril appelle et rend audacieuses.
Toutes vont pour la vie attester leur mépris,
Et le vaillant desir dont leur cœur est épris.

Sur les remparts, leur zèle en s'ouvrant un passage,
Des assiégés déjà ranime le courage :
Leur effort les soutient. Les unes avec eux
Frappent d'un bras long-tems et ferme et vigoureux :
Les autres, au plus fort de l'attaque sanglante,
Font sur les assiégeans pleuvoir une eau bouillante.
Mais que devient Linna dans ce terrible instant ?
Tremblante, encouragée, et le cœur palpitant,
Insensible aux périls où son amour l'expose,
Craintive, audacieuse, elle s'avance, elle ose,
Pour revoir un amant si cher, si précieux,
Pénétrer vers la brèche et le chercher des yeux :
Elle ne voit d'abord qu'un torrent de fumée,
Qu'une foule confuse au carnage animée.
D'horreur, d'effroi saisie, elle suspend ses pas.
Son desir toutefois ne l'abandonne pas !
Amour, puissant Amour, dans ce fracas des armes,
Défends ses jeunes ans, veille à sauver ses charmes ;
Protège en ce péril la céleste beauté,
Dont ton empire seul fait la témérité.
Elle est par lui conduite au fort de la tempête,
A combler son espoir la fortune était prête :
Elle allait voir l'objet à qui son tendre cœur
Ne pouvait plus cacher sa malheureuse ardeur.

Mais ô revers cruel!... dans son élan rapide,
Fond sur elle en sifflant un boulet homicide :
Il lui brise le sein ; il lui ravit le jour ;
Il éteint dans son sang un déplorable amour.

Oh! que si tu savais, jeune et vaillant Sydnée,
La fin, la triste fin de cette infortunée,
Ton cœur désespéré, déchiré de douleur,
Ne pourrait désormais survivre à son malheur ;
Tu voudrais, sur le sein de cette illustre amante,
Lui donner de tes feux une preuve sanglante ;
Signaler tes efforts par l'amour excités,
Combattre, la venger, mourir à ses côtés.
Dans Malte ce mortel, au printems de son âge,
Faisait des jeux de Mars le dur apprentisage.
La vertu, ses devoirs, motifs purs et puissans,
Avaient su commander à ses desirs naissans :
Il admirait Linna, sans prétendre à ses charmes,
Et sans qu'il soupçonnât ses discrètes alarmes.

Cependant les périls s'étaient encore accrus
Et s'annonçaient au loin par mille cris aigus.
Assiégés, assiégeans, tous poussés par la rage,
Dans un tumulte affreux se livraient au carnage.
Mais avec quelle ardeur combattait Soliman !
La terreur précédait ce terrible Ottoman.

A combien de Chrétiens, dans sa fureur guerrière,
Ce valeureux sultan fait mordre la poussière !
Toutefois pour l'atteindre, on brave le trépas.
Sur lui fondent encor d'impétueux soldats,
Dont les chefs dévoués, en volant à leur tête,
Au monarque vainqueur disputent sa conquête :
On se bat, on s'acharne; et Soliman surpris
Est ébranlé du choc de ses fiers ennemis :
Atteint même d'un coup frappé d'une main sûre,
Il pàlit, et le sang indique sa blessure.
Dans un premier effroi, le bruit qui s'en répand
Ralentit le combat que la douleur suspend ;
Et du haut de la brèche, on porte dans sa tente
Le héros maudissant la fortune inconstante.
A peine il s'éloignait ; avant que nul secours
A l'atteinte du fer ne disputât ses jours,
Ce mortel en son cœur dévorant son outrage,
A voulu qu'on rendît sa présence au rivage.
Cependant par son ordre on a repris l'assaut.
L'indompté Mustapha commande à son défaut :
Il s'est joint l'amiral, dont le dépit extrême
S'empresse de venger et son prince et lui-même.

   Porté par des guerriers qu'honore un tel fardeau,
Le furieux monarque arrive à son vaisseau.

Tout baigné de son sang, il veut, qu'en ce navire,
On le dépose où gît la malheureuse Elvire.
Là, sur elle attachant ses yeux mouillés de pleurs,
Il demeure long-tems plongé dans les douleurs.
Mais son courroux l'emporte : à l'instant il s'écrie :
« O femme infortunée ! ombre auguste et chérie !
« Sois témoin de mon sort ; contemple dans mon sang
« De tes cruels bourreaux l'attentat renaissant ;
« Reconnais leur audace, et vois mon impuissance !
« Ton sang versé, le mien demande au ciel vengeance,
« Et le ciel la refuse à ma juste fureur,
« Au cri du désespoir, à la voix de l'honneur !
« Des flots de mes guerriers, pour punir tant d'outrages,
« Aurai-je donc en vain inondé ces rivages ? »
    Ainsi le fier sultan déplorait son malheur.
Jouet, dans son amour, d'une fatale erreur,
Il accusait le ciel ; et le ciel équitable
Enfin daigna répondre à sa plainte coupable.
Est-ce un songe pour lui ? Soudain, devant ses yeux,
Elvire, en s'animant, cède au pouvoir des cieux :
O prodige inoui ! cette amante respire,
S'adresse à Soliman, le regarde, soupire,
Et de sa bouche enfin laisse tomber ces mots :
« Le ciel a fait justice et vengé des héros.

« Respectez ses décrets : c'est, pour vous les apprendre .
« Un Dieu même, seigneur, qui fait parler ma cendre ».
 Elle dit, et soumise aux dures lois du sort,
Retombe, en gémissant, dans les bras de la mort.
De trouble un tel miracle a rempli cette enceinte.
Tous les cœurs sont glacés d'une épouvante sainte.

   Mais vers son prince Hascen arrive haletant ;
Il entre, devant lui se prosterne à l'instant,
Et gémit et frémit de voir couler encore
Ce sang si précieux que tout un peuple adore.
Il se relève... alors ce cœur de rage épris,
Du feu de sa vengeance enflamme les esprits.
Lui, les siens, chefs, soldats entourent le monarque.
Redoutant pour ses jours les ciseaux de la parque,
Mais prêts à revoler aux plus sanglans combats,
Ces furieux mortels le couvrent de leurs bras ;
Et tous, d'une voix forte, imposante et terrible,
Jurent de le venger d'un attentat horrible.
De ce fatal serment la pieuse clameur
Vole, court dans l'armée accroître la fureur.

   Enfin contre les forts l'attaque recommence.
Le désespoir accru, la rage, la vengeance,
La soif du sang chrétien, d'affreux ressentimens
Ramènent sur les murs des flots de Musulmans.

Fiers vengeurs du monarque, agas et Janissaires
Chargent à coups pressés leurs vaillans adversaires.
Mais partout Lavalette, au mépris du trépas,
De son exemple anime, enflamme ses soldats.
L'ordre est donné. Soudain, de leurs mains triomphantes,
Fondent sur l'ennemi des flammes dévorantes,
Des cercles embrasés, effroyables apprêts
D'un esprit saint, auteur de ces cruels secrets.
Son invisible bras lui-même les dirige.
C'est par lui qu'opérant un terrible prodige,
Des sommets de la brèche et du haut des remparts,
Ces mortels instrumens pleuvent de toutes parts.
Quel spectacle d'horreur! la résine enflammée,
Le bitume bouillant couvre aussitôt l'armée.
Par le soufre et le feu de ces bois meurtriers,
Sont en foule assaillis d'infortunés guerriers.
Dans ces ardens liens la parque les enchaîne,
Et jusqu'au noir Cocyte à l'instant les entraîne.
   Que d'accens douloureux, affreux et déchirans
Exhalaient ces mortels dans la flamme expirans!
Des voix, des cris aigus, des plaintes lamentables
Remplissaient tous ces lieux de sons épouvantables
A travers les volcans autour d'eux répandus,
Couraient les assiégeans, égarés, éperdus.

Les uns, demi brûlés, emportaient dans leur fuite
Des feux qui s'acharnaient partout à leur poursuite :
Ils allaient, de leurs cris effrayant les échos,
Pour finir tant de maux, se noyer dans les flots ;
Les autres, hors des murs, emportés par la crainte,
De ces feux dévorans fuyaient l'horrible atteinte.
Que d'effroi, de désastre au sein de ces soldats !
Les cercles dont la flamme aiguillonnait leurs pas,
Entraînés avec eux sur ce sanglant rivage,
D'un terrible incendie offraient au loin l'image :
Ils ne pouvaient s'éteindre une fois allumés,
Et ceux qu'ils atteignaient, en étaient consumés.
Alors, en des tourmens non moins longs qu'effroyables,
Expiraient ces mortels, victimes déplorables.

Mais leurs chefs, dont l'audace affronte le trépas,
Tentent de rallier ces malheureux soldats.
D'un valeureux dépit leur ame est animée :
Ils voudraient à l'assaut ramener leur armée ;
Ils exhortaient, priaient ; ils menaçaient en vain
Les esprits effrayés de leur affreux destin.
Le désordre de tous achève la défaite.

Cependant furieux, outré de leur retraite,
Mustapha, dans l'ardeur d'un insensé courroux,
Sur ces infortunés faisait pleuvoir des coups :

A périr sur la brèche il prétend les contraindre.
Mais les feux des Chrétiens mille fois plus à craindre
Pour eux, que le tranchant de l'homicide acier,
Commandent l'épouvante au cœur le plus altier :
A leur terrible aspect, fuyait le Janissaire
Et le plus intrépide et le plus téméraire.
Rien ne peut contenir, rassurer ces esprits
Des rigueurs de leurs chefs trop justement aigris.
Le découragement, le tumulte redouble ;
Et déjà profitant d'un tel excès de trouble,
Pour terminer enfin tant d'assauts meurtriers,
Le grand-maître au combat mène ses Chevaliers :
Il veut par mille efforts, ce jour même, à leur tête,
Oter à Soliman tout espoir de conquête.

Avec ses bataillons, il vole, fond soudain
Sur l'ennemi troublé, las, confus, incertain.
Copier qui l'accompagne, et que suit la victoire,
A voulu partager ses périls et sa gloire.
Assuré du succès, l'audace dans le cœur,
En soi-même déjà chacun se croit vainqueur :
On tente, on ose tout sous son chef invincible.
Les Turcs sont ébranlés par un choc si terrible :
Ils cèdent à la force ; et leurs rangs dispersés
N'offrent plus que soldats fuyans ou renversés.

Partout l'abattement, l'effroi se manifeste :
A leur suite s'acharne une terreur funeste.
Mais les bachas enfin, par des moyens heureux,
Ramènent sur leurs pas ces mortels tout poudreux.
Leur exemple, leur voix, une honte soudaine
Réveillent dans les cœurs le courage et la haine.
Aussitôt déployant un front plus étendu,
Ils opposent de l'art l'effort inattendu.
Alors des noirs combats quelle imposante image!
Deux murs vivans au loin vomissent le carnage.
Du mousquet meurtrier et les coups redoublés,
Et la sombre vapeur qu'il mêle aux airs troublés ;
Des bronzes foudroyans les bouches homicides;
Le bruit, le sifflement de cent globes rapides
Par un brûlant salpêtre élancés de leur sein,
Signalaient sans relâche un savoir assassin :
On y voyait sur-tout, instrument des batailles,
La bombe que l'obus chasse de ses entrailles,
Sur la terre, par bonds, et ramper et courir,
S'élever, retomber, tout à coup s'entr'ouvrir,
Et de ses flancs brisés avec un bruit horrible,
Semer autour de soi la mort la plus terrible,
Multiplier sa rage autant que ses éclats,
Mutiler, déchirer les malheureux soldats.

De tels hasards pourtant affrontant la tempête,
Les Chrétiens, dont le chef part et vole à leur tête,
Serrant leurs bataillons, pressent leurs mouvemens,
Et se jettent vainqueurs sur les fiers Musulmans.
Loin de fuir, les Turcs font, dans l'excès de leur rage,
Tout ce que peut oser un généreux courage :
Ils soutiennent le choc. Mais trois fois enfoncés,
Ils ont couvert les champs de morts et de blessés.

FIN DU CHANT QUINZIÈME.

LA MALTÉIDE.

CHANT SEIZIÈME.

SOMMAIRE.

Soliman, qui n'a été que légèrement blessé, reprend ses armes et revole aux combats. —— Effet que produit sa présence sur ses troupes. —— Il cherche le grand-maître, qui portait le carnage dans son armée. —— Combat de ces deux héros. —— Les soldats, Chrétiens et Musulmans, comme par un miracle, cessent tout à coup de se battre. —— Ils demeurent inactifs, et ne sont occupés que des efforts de leurs chefs. —— Tentatives de l'Amour pour exciter les Turcs contre les Chevaliers. —— L'Éternel le confond. —— Témoignage éclatant de sa puissance. —— Il fait rentrer dans le néant l'ennemi des Chrétiens. —— Soliman et Lavalette en sont toujours aux mains. —— Tableau de ces guerriers. —— Ils se livrent le plus violent combat. —— Action généreuse du grand-maître. Intervention du Ciel, etc.

CHANT SEIZIÈME.

TELLE que s'écroulant des rocs de l'Helvétie,
Fille des noirs frimas, par l'aquilon durcie,
Une énorme avalange écrase les troupeaux,
Entraîne les forêts, emporte les hameaux;
Tel que ce long amas et de neige et de glace
Rompt tout ce qui s'oppose au lourd poids de sa masse,
Tel Lavalette enfonce, aidé de ses guerriers,
Des flots de Musulmans, des bataillons entiers.
A travers leur armée il se fait un passage :
Il s'élance sanglant dans un champ de carnage ;
A tout ce qu'il rencontre il donne le trépas,
Et l'épouvante vole au devant de ses pas.
Qui ne l'eût redouté dans ce moment terrible ?
Avec lui combattait un pouvoir invisible :
Il dirigeait ses coups, redoublait sa fureur,
Et devant lui frappait l'ennemi de terreur.
En vain des chefs altiers s'efforcent de l'atteindre.
Pressés par des mortels pour eux non moins à craindre,

Ils ne sont occupés que du soin valeureux
De soutenir ailleurs un choc impétueux.
Contre eux tout combattait avec une furie
Qu'excitait dans les cœurs l'amour de la patrie.

Mais bientôt, au fracas qui règne dans les rangs,
Aux accens douloureux des blessés, des mourans,
Soliman, dans sa tente, instruit de ces alarmes,
Pour secourir les siens, veut reprendre ses armes.
Du fer qui l'atteignit heureusement l'acier
Trahit des assiégés le desir meurtrier.
Sa pointe détournée, en glissant sur l'armure,
N'osa tenter sur lui qu'une vaine blessure ;
Et par l'effort d'un art aussi prompt que puissant,
De la plaie aussitôt on étancha le sang.
Déjà le fier sultan surmontant sa disgrâce,
De dépit, s'est chargé du poids de sa cuirasse :
Il s'arme en frémissant. Le cimeterre en main,
Il court et se venger et changer son destin.

D'abord, tel que l'éclair échappé de la nue,
Il frappe les soldats de l'éclat de sa vue :
A son aspect, les cœurs se sentent ranimés.
De l'ardeur qui l'embrase ils sont tous enflammés.
L'audace en eux renaît et l'espoir avec elle.
Sur leur visage altier le courage étincelle.

Tous veulent devant lui mourir victorieux ;
Tous redoublant d'efforts, acharnés, furieux,
Emportés par l'excès d'une sanglante rage,
Ne respirent déjà que l'amour du carnage.
Des Chevaliers d'abord ils soutiennent le choc.
Leur masse inébranlable est alors comme un roc,
Qui des noirs aquilons déchaînés sur sa tête
Supporte la furie, et brave la tempête.
Mais de ces Musulmans quel que soit le rempart,
Sur eux fond Lavalette aussi vite qu'un dard :
En vain long-tems encor la foule lui résiste.
Ce valeureux mortel dans son assaut persiste :
Il force les soldats, se jette au milieu d'eux,
Dans leurs rangs enfoncés répand un trouble affreux,
Y fait à chaque pas de terribles ravages,
Et des flots de leur sang inonde ces rivages.
   Mais soudain Soliman, transporté de fureur,
Court vers son ennemi suspendre tant d'horreur :
Il vole à sa poursuite, avec l'impatience
D'un cœur bouillant de rage, altéré de vengeance.
Tout ce qui lui résiste est par lui renversé.
Le plus fier Chevalier est par lui terrassé.
C'est un lion sanglant que le carnage irrite :
Au centre des Chrétiens il fond, se précipite,

Et bravant et donnant à la fois le trépas,
Il devance en vainqueur ses fidèles soldats.
De tous, par son exemple, il accroît la vaillance :
Au plus fort de l'orage, à leur tête il s'élance.
Oh ! que dans son dépit il semblait effrayant !
Les éclairs de ses yeux, son regard foudroyant ;
Ses efforts, sa fureur, son large cimeterre,
De son valeureux bras ministre sanguinaire ;
Tout, dans son désespoir, emportement cruel !
Signalait ce terrible et superbe mortel.

Ainsi, dans sa vengeance il assouvit sa rage ;
Ainsi, son cœur outré se nourrit de carnage.
Au milieu du tumulte, à travers les hasards,
Il s'avançait pareil à l'homicide Mars.
Son adversaire enfin devant lui se présente :
Il le voit et frémit. Tel aux rives du Xanthe,
L'impitoyable Achille, au seul aspect d'Hector,
A toutes ses fureurs donnait un libre essor.

L'impatient sultan part comme un trait rapide,
Et dans sa course atteint son rival intrépide.
Musulmans, chevaliers, et sanglans et poudreux,
Au massacre excités, combattaient autour d'eux.
Mais soudain, qui l'eût dit ? ô divine sagesse !
Dieu veut : et tout d'un coup tant d'acharnement cesse.

Turcs, Chrétiens ont les yeux sur les deux combattans,
Et tous entre la crainte et l'espoir sont flottans.
Le fer demeure oisif dans leurs mains sanguinaires.
Chacun pour son parti craint les destins contraires.

Dans son ressentiment, l'Amour en a frémi.
Quel complot trame encor ce mortel ennemi?
C'est en vain qu'au malheur il voudrait se soustraire.
Rien d'un fatal projet ne saurait le distraire.
Ni ses jardins chéris, ni sa brillante cour,
Ni les plaisirs pour lui renaissans chaque jour,
Ni le courroux du ciel outré de son offense,
N'ont pu le détourner d'une aveugle vengeance.
Sur des bords enchantés, centre de ses états,
Il reposait alors, fatigué des combats:
C'était au sein d'un temple, ou plutôt d'un feuillage,
De rameaux enlacés agréable assemblage,
Asile du mystère et de la volupté,
Palais, riant bosquet des frimas respecté.
L'or en était exclu. Des roses immortelles,
Ouvertes tous les jours, et tous les jours plus belles,
En tapissaient l'enceinte, aux lambris toujours verts,
Et de là répandaient leur parfum dans les airs.
Partout, sans que jamais l'été les décolore,
S'offrent dans ce séjour les doux présens de Flore.

Tout y prend, y conserve un éternel éclat.
De la grenade en fleur le brillant incarnat,
Tel qu'un rubis, dont l'art nous fait une parure,
De ses rameaux égaye, enrichit la verdure.
Des mirthes odorans, des bois mystérieux
Entrecoupent ces prés, ces champs délicieux.
Ici sont des bosquets, là de vertes prairies.
Plus loin, baignant l'émail de ces rives fleuries,
Autour d'elles serpente et règne le cristal
D'une eau dormante au sein d'un superbe canal.
Des cygnes, plus brillans que la neige éclatante,
Réfléchis au miroir de l'onde transparente,
Glissent, en se jouant, sur l'immobilité
De ce beau lac par eux et le calme habité.

Là, préside le Dieu qui se rit de nos peines,
Qui fait tout son pouvoir des faiblesses humaines.
Pour suite, il a les ris, les jeux et les plaisirs,
Les regrets importuns, les volages desirs;
Pour sujets, des amans, d'infidèles bergères,
Dont le charme insensé, dans leurs chaînes légères,
Est d'aimer sans constance et souvent sans amour,
Devar ier leurs goûts, d'y céder tour à tour.

Au sein des voluptés que sans cesse il respire,
Là, le tyran des cœurs exerce son empire.

Sur un trône, tantôt on le voit triomphant.

Libre de son carquois, tantôt c'est un enfant

Qui se mêle aux amours et folâtre sur l'herbe ;

Tantôt, changeant de traits, c'est un maître superbe

Qui, jaloux sous ses lois de ranger l'univers,

Aux plus saints des mortels voudrait donner des fers :

Un tel projet encor roulait dans sa pensée.

Il se livre aux transports d'une rage insensée :

Excité par l'espoir, avide d'attentats,

Il part ; d'un vol léger s'enfuit de ses états,

S'élance vers les Turcs, prétend par sa présence

Ranimer des esprits l'audace et la vaillance ;

Interrompre l'assaut des deux chefs obstinés,

Et rendre en ces hasards les cœurs plus acharnés.

Furieux, n'écoutant que sa haine fatale,

Il évoque aussitôt, de la rive infernale,

Le bourreau des humains, le Démon des combats,

Monstre nourri de sang et souillé d'attentats :

Il eût exécuté son projet homicide.

Mais l'Eternel, en qui toute force réside,

Qui, d'un geste, d'un mot, fait trembler l'Univers,

A mis un prompt obstacle à ce dessein pervers.

« Quoi ! dit-il menaçant, un perfide, un rebelle

« Oserait m'opposer une rage éternelle !

« Il armerait des cœurs par moi seul désarmés !...
« Ah ! que de tels complots soudain soient réprimés !
« C'est assez que dans Malte, à force de carnage,
« Les Chrétiens qu'il poursuit, aient prouvé leur courage ;
« Que ces vaillans mortels, tant de fois combattus,
« Aient fait au monde entier admirer leurs vertus ;
« Que ma justice enfin, par tant de résistance,
« Ait pour eux de mon bras signalé l'assistance...
« Haines, Vengeance, Amour, rentrez dans le néant.
« Mes décrets sont remplis : de mon bras foudroyant,
« Renversons, écrasons sous le poids de leurs chaînes,
« Ces ministres honteux des passions humaines ».
    Il dit, fait un clin d'œil, et la terre a tremblé !
De ce signe déjà l'Amour est accablé.
Soumis, et par le ciel réduit à l'impuissance,
Aux regards du Très-Haut il soustrait sa présence :
Il fuit, non pas au sein d'une brillante cour,
Mais en de tristes lieux où, loin des feux du jour,
Il court ensevelir ses projets téméraires.
    Cependant les deux chefs, superbes adversaires,
Déployant de l'acier le redoutable éclat,
Se livrent l'un à l'autre un terrible combat.
Du fracas de leur choc les échos retentissent,
Et d'effrayans éclairs de leurs armes jaillissent :

On eût dit qu'animés d'un secret sentiment,
Leurs glaives partageaient tant de ressentiment.
Le fer résiste au fer dont chacun se menace.
De quels coups on entend résonner leur cuirasse !
Attaquant, attaqués au même instant tous deux,
Ils faisaient à l'envi pleuvoir l'acier sur eux,
Pareils au laboureur, dont le bras, dans son aire,
Bat d'un précieux grain la tige nourricière.
Tous deux joignent la force à l'extrême valeur ;
Tous deux font éclater une égale fureur.
Tantôt, on les voyait, ardens à se surprendre,
S'observer ; et tantôt s'attaquer, se défendre ;
Puis tous deux s'acharner, et, d'un bras vigoureux,
Soutenir un assaut et pénible et douteux.

Dans leur brûlant regard le courroux étincelle.
Mais à tant de fureur que de grandeur se mêle !
Comme un cèdre agité sur le front du Liban,
Paraît en ce combat le belliqueux sultan :
Alors, à tous les yeux qu'il montrait de noblesse !
Et que son front superbe étalait de richesse !
Son croissant, dont l'éclat défiait le soleil,
De son large turban magnifique appareil,
Tel qu'un astre, lançait un rayon de lumière,
Digne d'orner sa tête et respectable et fière.

Sous ce faste, quels traits! quel port majestueux!
Le fer qui le couvrait n'était pas moins pompeux.
L'or à l'acier mêlé, dans sa riche parure,
Signalait sa pesante et redoutable armure.

Lavalette plus simple, et non moins imposant,
N'offrait au lieu de l'or, qu'un fer resplendissant,
Métal cher aux guerriers, ornement salutaire,
Dans les sanglans combats seul digne de lui plaire.
D'une croix, signe auguste et de nous révéré,
Ce mortel toutefois se montrait décoré.
Du salut des Chrétiens cette marque adorable
Ressortait sur son sein, d'un acier redoutable,
Dont le mâle appareil, dont le poli brillant
D'un formidable éclat couvrait ce cœur vaillant.
La main de l'ouvrier, en forgeant cette armure,
Y prit soin d'imprimer la trempe la plus dure.

Mais que d'assauts encor se livrent ces héros!
Ils ressemblaient tous deux aux vents qui sur les flots,
Opposés l'un à l'autre, et déchaînant leur rage,
Menacent le nocher du plus terrible orage.
Leurs bras, par la vengeance et le meurtre excités,
Attestent le dépit de ces cœurs irrités.
Dans leur bouche est un morne et farouche silence.
De leur emportement s'accroît la violence :

Un secret désespoir les rend plus furieux.
Leur visage est en feu, l'éclair sort de leurs yeux.
Sans cesse un fer mortel fait gémir leur cuirasse.
Ce n'est plus la valeur, c'est une aveugle audace
Qui dirige au hasard, sur leur sein, vers leur flanc,
Un glaive, dans leurs mains, altéré de leur sang.
Sous leurs pieds croît, s'épand un torrent de poussière :
Il semblait, au fracas de leur rage guerrière,
Que les coups qui partaient, qui pleuvaient de leurs bras,
Etaient ceux d'une armée au plus fort des combats.

    Qui pour ces deux héros n'éprouva point d'alarmes?
Dans leur acharnement, dans le choc de leurs armes,
Chacun tremble d'abord pour son chef, pour son roi,
Et du geste et des yeux témoigne son effroi.
Chrétiens, Mahométans, tous à peine respirent;
Tous craignent un combat qu'en secret ils admirent.

    Le ciel allait enfin déclarer le vainqueur.
Au même instant, d'un bras dont s'accroît la vigueur,
Lavalette, à grands coups pressant son adversaire,
Fait sauter de sa main son fatal cimeterre.
Désarmé, le monarque a tremblé pour ses jours.
Son armée en frémit et vole à son secours,
Mais la foule est calmée aussitôt qu'éperdue ;
Par le héros chrétien sa course est suspendue.

Ce mortel vers la terre avait soudain baissé
Le fer dont Soliman allait être percé :
Il rassurait ce prince ; et, d'une voix amie,
Il lui criait: « Grand Roi, ce n'est point votre vie
« Que les Chrétiens vainqueurs ont prétendu ravir ;
« Leur vengeance à tel prix ne sait point s'assouvir.
« Après tant de hasards, tant d'assauts, de batailles ;
« Tant d'efforts meurtriers et tant de funérailles,
« Ils doivent n'aspirer qu'à désarmer vos mains,
« Qu'à fléchir votre cœur dans ses sanglans desseins.
« Seigneur, que leurs vertus ; l'honneur qui les anime,
« Touchent en leur faveur votre ame magnanime.
    Il dit : mais dans les airs quel effroyable bruit !
Sur l'île se répand la plus obscure nuit.
L'onde mugit au loin : soudain la terre tremble.
C'est un choc, un combat des élémens ensemble.
La nue, en cette horreur, s'arme de mille feux ;
Et la foudre, en grondant, roule parmi les cieux.
De tous les cœurs s'empare une sainte épouvante.
Ce terrible fracas, cette nuit effrayante ;
Le tumulte des airs de plus en plus croissant,
Sont du courroux d'un Dieu le signal menaçant.
La Nature gémit à ce son formidable :
Elle croit du sultan la perte inévitable.

Mais à ce bruit affreux, auquel l'écho répond,
Succède tout à coup un silence profond ;
Puis, une voix pareille à l'éclat du tonnerre,
Fait entendre ces mots, dont retentit la terre :
« Mortels ! qu'agite un long et barbare courroux,
« Aux volontés du ciel enfin soumettez-vous.
« Du Dieu de l'univers respectez la puissance,
« Et cessez de poursuivre une injuste vengeance.
« Que plus long-tems l'erreur ne vous abuse pas !
« Ma justice d'Elvire a vengé le trépas.
« De ta main, Soliman, tu frappas le coupable :
« Ismar seul a commis un crime détestable ;
« Et ces vaillans Chrétiens, ennemis des forfaits,
« Dans son fatal complot ne trempèrent jamais.
« Pour te rendre une amante à ta flamme ravie,
« Que n'a point fait d'abord leur généreuse envie?
« Cesse de leur livrer de si rudes combats ;
« Et conduit par le ciel, retourne en tes états ».
   A ces mots, l'Éternel, de l'éclat de sa vue,
Frappe l'œil ébloui de la foule éperdue ;
Et rentrant glorieux au séjour des éclairs,
Avec les cœurs émus il a calmé les airs.

FIN DU SEIZIÈME ET DERNIER CHANT.

NOTES EXPLICATIVES.

CHANT PREMIER.

Si les sacrés honneurs qu'on te rend à Bizance,

Bizance, ancien nom de Constantinople, ville maritime de Thrace, bâtie par Pausanias, roi de Sparte, l'an 663 avant l'ère chrétienne.

Janissaires, spahis, au sein de leurs vaisseaux,

Janissaires, spahis, soldats turcs, fantassins et cavaliers.

CHANT DEUXIÈME.

De son front il détache une brillante aigrette,

Quand le Grand-Seigneur veut nommer un général en chef, il ôte une aigrette de son turban, et l'attache à celui de l'officier qu'il a choisi, pour marque qu'il lui remet son autorité.

CHANT TROISIÈME.

Il daigna l'honorer de son auguste main.

Ce fait est attesté par l'histoire.

L'aga, le janissaire est emporté lui-même.

Aga, officier des janissaires.

CHANT QUATRIÈME.

Enlevé dans Patras par de cruels vainqueurs,

Lascaris, officier turc, chrétien et grec de naissance, était de l'illustre maison de ce nom, qui avait donné à l'Orient plusieurs empereurs. Les Turcs, à la prise de Patras, ancienne et florissante ville de la Morée, le firent esclave dans un âge fort tendre, et l'élevèrent dans leur religion.

CHANT CINQUIÈME.

De leur énorme tube, infernale machine,

Les Turcs avaient dans ce siége des canons d'une excessive grosseur, de dix-huit pieds de longueur, appelés basilics, et qui portaient des boulets de deux jusqu'à trois pieds de diamètre : on prétend même qu'un de ces basilics, d'une énorme grandeur, tirait des boulets de pierre de cent soixante livres de pesanteur. Le bruit de ces effroyables machines de guerre se faisait entendre à plus de cent milles à la ronde.

Ils font céder le roc à leur bouillant courage,

Quelque dur que fût, dit l'Histoire des Chevaliers de Malte, le terrain sur lequel le fort Saint-Elme était placé, à force de pionniers, les Turcs poussèrent une mine sous le premier parapet de ce fort.

CHANT SIXIÈME.

C'est l'illustre Airadin qui, reçu dans ces lieux,

Barberousse-Airadin, fameux amiral turc.

CHANT HUITIÈME.

Ce chemin tortueux, de l'art savant ouvrage,

Les Chevaliers, pour éviter le canon de l'ennemi, qui, du haut du ravelin que les Turcs avaient emporté, plongeait dans l'intérieur du fort Saint-Elme, sont supposés y avoir construit une espèce de chemin couvert, d'un circuit oblique, à la faveur duquel ils faisaient parvenir aux remparts les secours destinés à les défendre.

CHANT NEUVIÈME.

Dans le temple des arts Psyché montre ses graces.

Le ballet de Psyché, à l'Opéra.

CHANT DIXIÈME.

Au bruit, aux sons plaintifs des sinistres nacaires,

Les nacaires, instrumens de musique turque.

Traîner le luxe vain d'un harnois éclatant,

Dans les convois funèbres des Turcs, les chevaux du mort traînent quelquefois par terre, en signe de deuil, leurs plus beaux harnois.

De sinistres cyprès, des lys, des roses même,

Autrefois on semait autour des mausolées turcs, des fleurs et des plantes odoriférantes, afin que les passans, charmés de leur odeur, priassent pour les ames de ceux sur les corps desquels ils les cueillaient.

Contemplera de loin le naufrage des rois.

La déesse de la gloire parle des catastrophes survenues à quelques princes de l'Europe, depuis la révolution jusqu'à la prise de Malte par les Français.

Et par un saint traité, malgré lui, sans effet,

La paix d'Amiens.

Des bataillons s'ouvrir une illustre carrière.

L'expédition d'Egypte.

Alors d'un saint hymen, d'une auguste alliance,

Le mariage de S. M. l'Empereur des Français avec S. A. I. l'archiduchesse d'Autriche.

Et, favori de Mars, son magnanime frère

S. A. R. l'archiduc Charles.

Un puissant potentat, auguste protecteur,

Paul Ier, empereur de toutes les Russies.

CHANT DOUZIÈME.

Des remparts de la Sangle investissent le port;

Fort, dit l'île de la Sangle.

Tandis que du Mandrace et du mont Scéberras,

Le Mandrace et le Scéberras sont deux monts voisins des forts de l'île.

L'un de ces immortels, secourables esprits

On suppose qu'il existe des génies qui, dans les occasions difficiles, éclairent les hommes sur ce qu'ils doivent faire.

CHANT TREIZIÈME.

Il fut pris et traîné sur un cruel rivage,

Les côtes d'Alger.

CHANT QUINZIÈME.

O prodige inoui! cette amante respire.

Cette fiction paraîtra peut-être passer un peu les bornes du merveilleux; mais que l'on fasse attention qu'elle n'a lieu que par la volonté de l'Eternel. L'histoire sainte offre en plus d'un endroit de pareils prodiges. Rien n'est impossible à Dieu : ce miracle d'ailleurs prépare le dénouement. Soliman et tous ceux de sa suite en sont d'abord frappés; mais arrive Hascen, qui, n'en ayant pas été témoin, n'est uniquement occupé que du sultan; il frémit à la vue de son sang versé, détourne les esprits de l'effroi qui les a saisis, s'empare d'eux, et, plein de vengeance, les remène aux combats. Le Grand-Seigneur lui-même, appelé par les cris de son armée, n'écoute que son courage; il vole au secours des siens sans pouvoir être retenu par ce qui vient de se passer devant lui.

CHANT SEIZIÈME.

On a pensé ne pouvoir mieux terminer ce Poëme que par l'intervention du Ciel. Après avoir montré dans les Chevaliers ce que peut le courage aidé de l'honneur, de la vertu, de tous les sentimens qu'inspire une religion pure, Dieu lui-même a voulu déclarer d'une manière imposante l'innocence des Chrétiens : il tire Soliman de son erreur, et lui commande de mettre fin à un siége dont l'auteur a été puni dans la personne d'Ismar. Ainsi ses décrets sont remplis, et sa sagesse, autant que sa puissance, éclate dans l'exécution de ses volontés.

ERRATA.

Chant vi, pag. 125, vers 18, *au lieu de*
En répètent l'éclat dans le cristal des eaux.

Lisez :
En répètent l'éclat dans le miroir des eaux.

Chant vii, pag. 144, vers 12, *au lieu de*
Et la levant au Ciel encore toute trempée,

Lisez :
Et la levant au Ciel encor toute trempée,

Chant ix, pag. 173, vers 12, *au lieu de*
De ses rares vertus qu'en vous l'Europe admire!

Lisez :
De ces rares vertus, etc.

Chant *idem*, pag. 185, vers 6 (dans la ponctuation), *lisez :*
D'outrager devant nous impunément ses mânes.

Chant *idem*, pag. 186, vers 14 (dans la ponctuation), *lisez :*
S'écriait Mustapha, ce superbe Ottoman.

Chant xi, pag. 231, vers 12 (dans la ponctuation), *lisez :*
Viens chercher en ces lieux des triomphes nouveaux,

Chant xii, pag. 257, vers 5, *lisez :*
De matière visqueuse et de corps résineux,

Chant xvi, pag. 316, vers 22, *lisez :*
De varier leurs goûts, etc.